엔트리와 떠나는

소프트웨어 코딩여행

entry

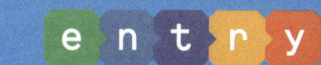

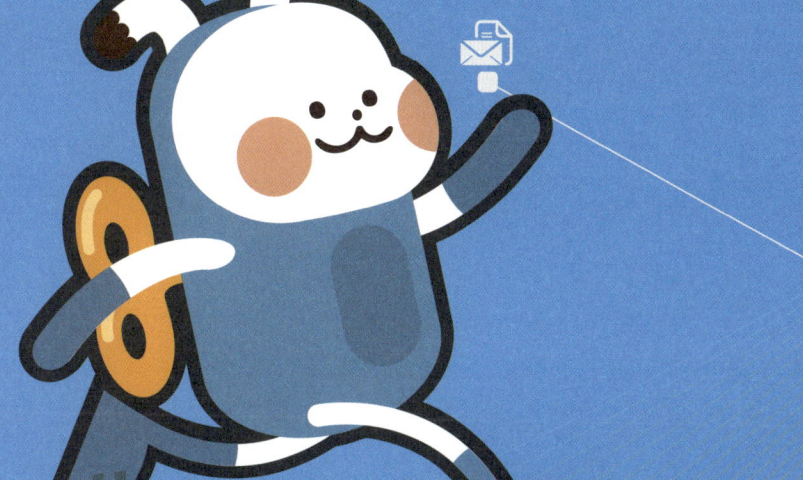

엔트리와 떠나는 소프트웨어 코딩여행

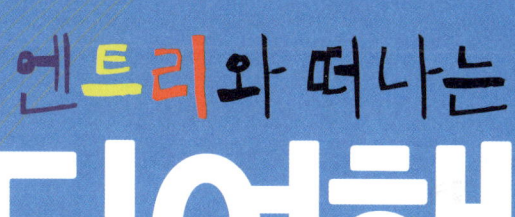

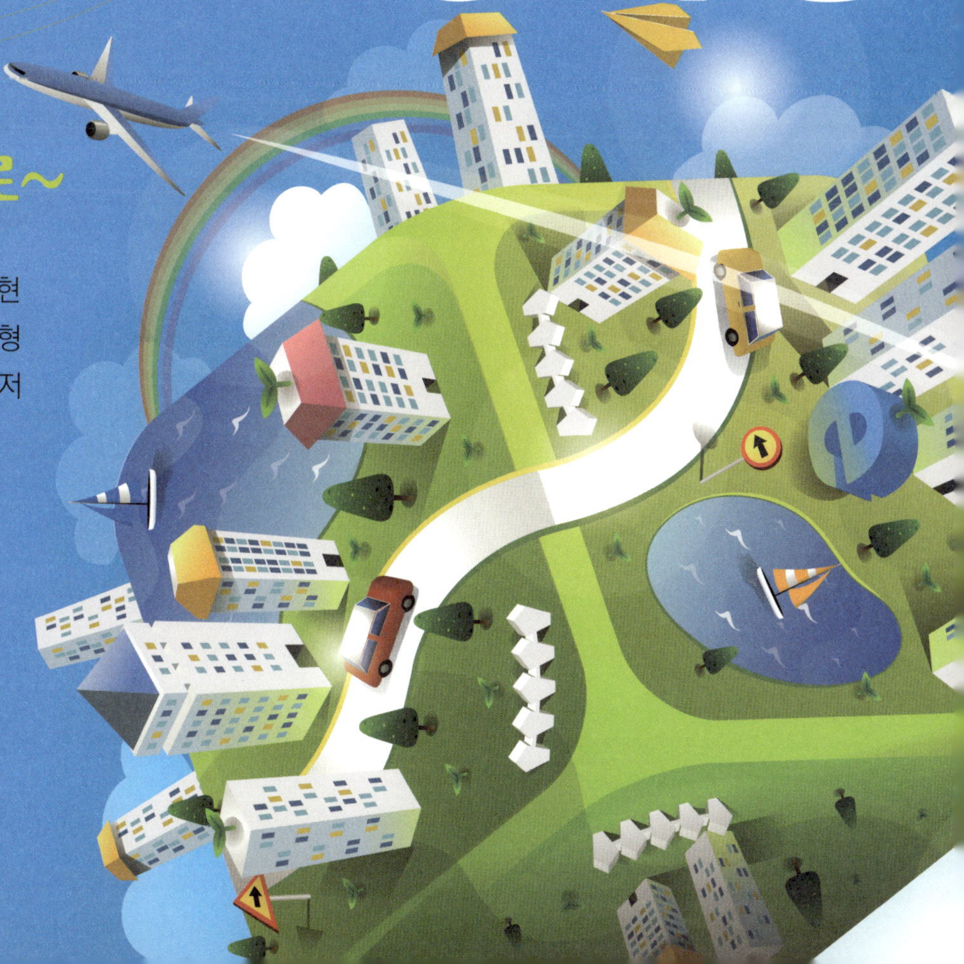

상상을 현실로~

이재호, 김재웅, 김대현, 문석현
이준록, 정진용, 손경호, 장준형
((사)한국창의정보문화학회) 공저

삽화 이온유(서곶중학교)

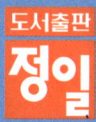

도서출판 정일

창조적 SW 코딩 교육을 위한
엔트리 교육 교재를 발간하면서...

요사이 SW 코딩 교육에 대한 관심과 열기가 뜨겁다. 이와 같은 현상은 비단 우리나라만의 일이 아니며, 전 세계적으로도 SW 코딩 교육 열풍이 불고 있다. 이제 우리 주변에서 "왜 SW 코딩 교육이 필요한가?", "SW 코딩 교육을 통하여 학생들은 무엇을 배울 수 있는가?"와 같은 의문점을 가지고 있는 사람을 찾아보기 어렵다. 이와 같은 현상이 발생하게 된 주요 원인은 무엇인가? '인공지능 알파고'와 '제4차 산업혁명'이 결정적인 역할을 한 것으로 보인다.

2016년 3월 인공지능 알파고와 이세돌 9단의 대국이 서울에서 개최된 이후 SW 코딩 교육의 열기는 최고조에 달하였으며, 일부 전문가들만의 주제라고 생각하였던 '제4차 산업혁명'이라는 키워드는 학생들은 물론 학부모들까지도 관심을 가지게 되는 계기를 마련하였다.

'제4차 산업혁명'은 무엇인가? 지금까지 진행되었던 3번의 산업혁명과는 어떤 차이점이 있는가? 근본적인 차이점의 핵심은 '제4차 산업혁명'이 'SW 혁명'이라는 것이며, SW가 모든 산업 분야에서 혁명을 가져온다는 것이다.

우리는 3번의 산업혁명 시대를 맞이하면서 제대로 준비한 경우가 있었는가? '제1차 산업혁명'의 시대에는 뒷짐만지고 있다가 세계 최빈국 수준의 나락으로 떨어진 경험이 있으며, '제3차 산업혁명'의 시대에는 이전의 실패를 거울삼아 열심히 노력하였으나, 선진국과의 자본력과 기술력의 격차를 완벽히 극복하지 못 함으로써 명실상부한 선진국 대열에 합류하는 것을 연기해야만 했다. '제4차 산업혁명'의 시대에는 제대로 준비해서 세계시장에서 통하는 창의적인 제품과 서비스를 생산해야 한다. 그러기 위해서는 올바른 SW 코딩 교육의 시행이 절실히 요구된다.

본 교재는 올바른 SW 코딩 교육을 위하여 준비하였다. 올바른 SW 코딩 교육이란 무엇일까? 그것은 SW 코딩 교육이 추구하는 본질을 지키면서, 학생들이 재미와 흥미를 가지고 몰입하며, 실생활과 연계된 산출물 생산이 가능한 교육일 것이다.

결과적으로 본 교재를 활용하여 SW 코딩 교육에 참여하는 학생들은 창의적인 사고력이 계발될 것이다. 이를 위하여 SW 코딩 언어를 처음 접하는 학생들도 재미있게 학습할 수 있도록 주제중심의 해결과제를 각 챕터마다 제시하였다. 학생들은 본 교재에서 제시한 과제를 해결해 가면서 자연스럽게 문제해결역량을 축적하고, 이를 활용하여 SW 코딩 기반의 해결책을 제시할 수 있는 능력을 배양할 것이다.

현실적인 SW 코딩 교육이 진행되기 위해서는 SW 코딩 언어가 필요하다. 인터넷에 접속 가능한 컴퓨터가 있다면 누구나 바로 시작할 수 있는 SW 코딩 언어가 필요하다. 다행스럽게도 우리나라 기업에서 개발한 블록 기반의 SW 코딩 언어가 있으니, 그것이 엔트리(ENTRY)이다. 엔트리와 같은 SW 코딩 언어를 이용하면 문제를 해결하고자 하는 절차를 명령어 블록으로 조립하여 SW 코딩을 할 수 있다. 학생 스스로 할 수 있다. 좀 더 욕심을 낸다면 다양한 SW 코딩 교구를 활용하여 SW 코딩에 기반한 메이커 활동에도 참여할 수 있다.

이상과 같은 목표를 달성하기 위하여 본 교재는 다음과 같이 구성하였다. '엔트리 회원 가입 및 구성안내', '미래에서 온 엔트리봇', '엔트리봇 지구를 도와줘', '엔트리봇 더 넓은 세계로' 등 총 4개의 파트(Part)로 구성하였다. 첫 번째 파트는 엔트리 언어를 처음 접하는 사용자에게 기본적인 안내 정보를 제공하고자 구성하였으며, 나머지 3개의 파트는 주제중심의 챕터(Chapter)로 구성하고, 각 챕터마다 주어진 과제를 해결하기 위해서 6개 섹션(Section)을 SW 코딩 학습 단계에 따라 제시하였다. 학생들은 '과제 확인하기', '생각 다듬기', '알고리즘 설계하기', '코딩하기', '실행 및 점검하기', '창조하기' 등으로 구성된 섹션 내용을 학습함으로써 SW 코딩에 대한 자연스러운 절차를 습득할 것이다.

본 교재는 (사)한국창의정보문화학회(http://www.3c.or.kr)의 창의엔트리교육연구회에 소속된 현직 초등학교 교사 회원들의 작품이다. 작품 구상은 2015년 가을에 시작하였으며, 초고 집필 후에 학교 현장에서의 적용과 학생들의 반응들을 종합하는 과정을 거쳤기 때문에 이제야 출간하게 되었다. 시작이 반이다. 아직 SW 코딩 교육에 참여하지 않고 있다면 바로 시작하자. SW 코딩 교육을 통하여 학생들은 자연스럽게 문제해결력과 창의성을 배양하여 21세기 창의인재로 커나갈 것이다. 본 교재가 조금이나마 우리 학생들의 SW 코딩 역량 배양에 도움이 되기를 기대한다.

2016년 7월
대표저자 이재호
((사)한국창의정보문화학회 회장, 경인교육대학교 컴퓨터교육과 교수)

이 책의 **구성**

이 책은 SW 코딩의 중요성이 강조되고 있는 시대에 SW 코딩에 관심을 갖고 스스로 공부해 보고자 하는 초중등학생, 대학생, 학부모, 일반인을 위한 책이다. 물론 초중학교의 정규교육과정에 SW 교육이 포함됨으로써 SW 코딩에 대한 내용을 가르치기 위하여 준비하고자 하는 선생님들을 위한 책이기도 하다.

이 책을 공부함으로써 SW 코딩의 본질을 이해하고, SW 프로그램을 재미있는 방법으로 코딩해보며, SW 코딩을 활용하여 하드웨어 조작이 가능한 피지컬 컴퓨팅을 경험할 수 있을 것이다. 이와 같은 과정을 통해 SW 코딩의 세계에 푹 빠지고 정복해나가는 희열을 느낄 수 있을 것이다.

이 책은 총 4개의 파트로 구성되어 있으며 각 파트별 내용은 다음과 같다.

Part 0. 엔트리 회원가입 및 구성안내

① 엔트리(ENTRY)를 처음 접하는 독자들을 위하여 엔트리 회원으로 가입하는 방법을 설명하고 있다.
② 엔트리 홈페이지의 구성에 대하여 설명하고 있다. 예를 들면, 화면의 구성요소와 각 메뉴에 대하여 설명하고 있다.
③ 엔트리의 주요 기능인 '만들기'에 대해 상세하게 설명하고 있다.
④ 메뉴창, 장면창, 오브젝트 창, 블록 조립소, 명령어 모음창 등 만들기 프로그램의 세부 메뉴들을 설명하고 있다.
⑤ 이 책의 이야기를 이끌어가는 등장인물 소개와 프롤로그도 포함되어 있다.

Part 1. 미래에서 온 엔트리봇

① 미래에서 온 엔트리봇이 지구에서 겪게 되는 여러 가지 일들을 SW 프로그램으로 코딩하면서 SW 코딩을 이해하고 기능을 익힌다.
② 오브젝트 추가 및 편집과 같은 프로그램의 화면을 구성하는 방법을 익힌다.
③ 말풍선으로 대화하기, 오브젝트 이동하기, 생김새 변화하기 등의 블록 코딩 방법을 익힌다.

Part 2. 엔트리봇 지구를 도와줘

① 환경오염이 심각한 지구를 구하기 위해 엔트리봇이 하는 여러 가지 활동을 SW 프로그램으로 코딩하게 된다.
② 변수, 신호 등의 블록을 활용하여 다양한 움직임 등을 코딩하게 된다.
③ 많은 블록들을 조합하여 발전된 형태의 SW 프로그램을 코딩하게 된다.
④ 복잡한 SW 코딩 작업을 통해 간단한 게임 등을 만든다.

Part 3. 엔트리봇 더 넓은 세계로

① 피지컬 컴퓨팅 도구를 활용하여 현실 속에서 활용할 수 있는 기능들을 학습한다.
② 메이키메이키, E-센서보드, 햄스터 로봇, 코블 등의 기기를 엔트리와 연결하여 SW 프로그램으로 코딩한 후 실제로 조작해본다.

각 파트는 여러 개의 챕터로 구성되어 있으며, 각 챕터는 다음과 같은 6개의 단계로 구성된다.

과제 확인하기

각 챕터별로 SW 코딩 과제(내용)를 스토리텔링 형식의 4컷 만화를 통해서 확인한다.

생각 다듬기

SW 코딩 과제를 해결하기 위하여 필요한 오브젝트와 명령어 블록을 어떻게 다루는지 간단하게 확인한다. 여기서 알게 된 내용으로 SW 프로그램을 어떻게 코딩하면 좋을지 생각을 해본다.

알고리즘 설계하기

SW 코딩 과제를 해결하기 위한 알고리즘을 설계한다. 어느 정도 SW 코딩에 자신이 생겼다면, 알고리즘 설계 내용을 보고 스스로 SW 코딩에 도전할 수도 있다.

코딩하기

과제로 제시한 SW 프로그램을 어떻게 코딩하는지 자세하게 알려준다.

실행 및 점검하기

'코딩하기' 단계의 결과물인 SW 프로그램이 어떻게 실행되는지 보여준다. 여러분들이 코딩한 프로그램을 실행해보고 점검해본다.

창조하기   응용하기

SW 코딩 과제를 해결하면서 여러분이 알게 된 것을 활용하여 SW 프로그램을 변형하거나 새로운 SW 프로그램을 만들어 볼 수 있다. [PART 2]의 '응용하기'는 뒤에 '예시답안'이 수록되어 있으니 어려울 경우에만 살짝 확인하도록 한다.

이 책에 포함된 모든 파트의 학습이 끝나고 나면 독자들은 엔트리를 기반으로 SW 코딩에 대한 개념을 이해할 수 있을 것으로 기대한다. 더 나아가 독자 자신이 SW 코딩 분야에서 발전적인 방향으로 도전할 수 있는 계기를 마련해 줄 수 있기를 희망한다.

Part 0 엔트리 회원가입 및 구성안내

엔트리는 게임을 하듯이 주어진 미션들을 SW 코딩으로 해결해볼 수도 있고,
내가 직접 창작한 아이디어를 애니메이션이나 게임으로 만들어 볼 수도 있습니다.
무궁무진한 가능성을 가진 엔트리. 자, 그럼 엔트리의 세계로 들어가 볼까요?

00 엔트리 배경화면을 살펴볼까요?

01 엔트리를 즐기려면 회원가입이 필요합니다. [회원가입] 버튼을 클릭합니다.

02 회원가입 창이 나타나면 가입 유형을 선택하고 이용약관에 동의를 합니다.

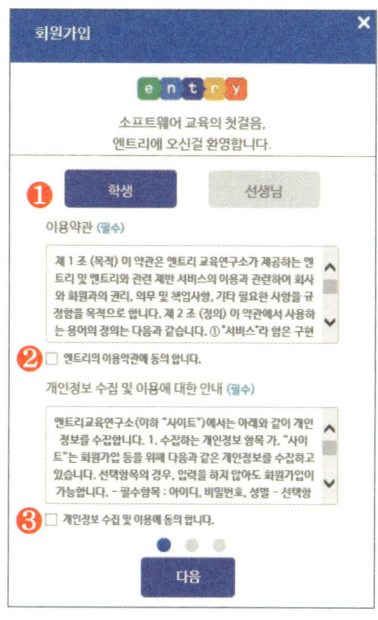

❶ 가입 유형(필수) : 학생 또는 선생님 중에 선택합니다.

❷ 이용약관(필수) : 이용약관 내용을 볼 수 있습니다.

❸ 개인정보 수집 및 이용 동의(필수) : 엔트리 이용에 필요한 수집 항목을 볼 수 있습니다.

03 희망하는 아이디와 비밀번호를 입력합니다.

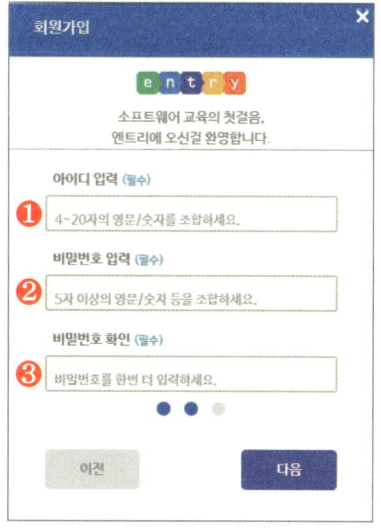

❶ 아이디 입력(필수) : 영문과 숫자를 함께 사용하여 아이디를 입력합니다.

❷ 비밀번호 입력(필수) : 영문과 숫자 등을 함께 사용하여 비밀번호를 입력합니다.

❸ 비밀번호 확인(필수) : 위에 입력한 비밀번호를 다시 한 번 입력합니다.

04 엔트리 활동을 위한 기초적인 정보를 입력합니다.

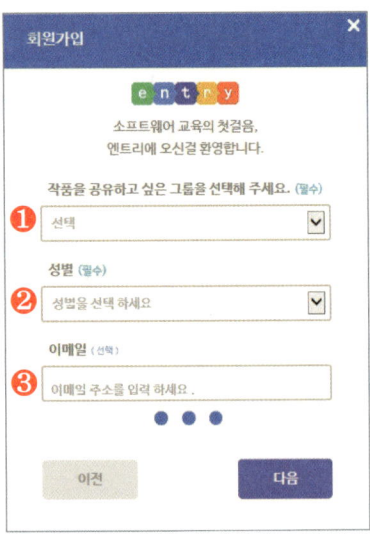

❶ 공유하고 싶은 그룹(필수) : 내가 만든 엔트리 작품을 함께 공유하고 싶은 그룹(학년)을 선택합니다.

❷ 성별(필수) : 남성 또는 여성 중에 선택해주세요.

❸ 이메일(선택) : 아이디나 비밀번호를 잊어버렸을 때 다시 받게 될 이메일 주소를 입력합니다.

05 엔트리 가입에 필요한 절차를 모두 마쳤습니다. 확인 버튼을 누르면 메인 화면이 나타납니다.

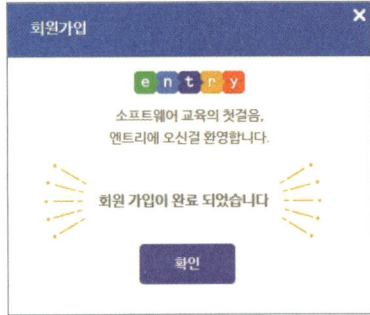

06 가입했을 때 넣었던 아이디와 비밀번호를 입력합니다. 이제 신나는 엔트리 세계로 떠나요!

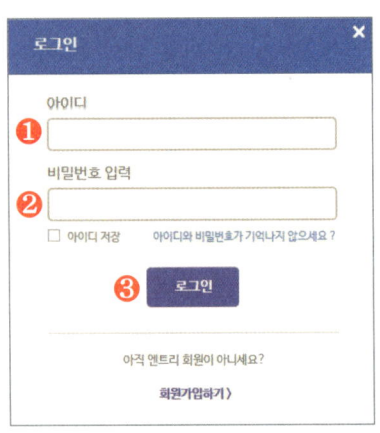

❶ 아이디 : 가입할 때 넣었던 아이디를 입력합니다.

❷ 비밀번호 : 가입할 때 넣었던 비밀번호를 입력합니다.

❸ 로그인 : 아이디와 비밀번호를 모두 입력한 후 로그인 버튼을 누릅니다.

회원가입을 했으니 이제 엔트리의 모든 것을 즐길 수 있답니다.
엔트리에 대해 좀 더 자세히 알아볼까요?

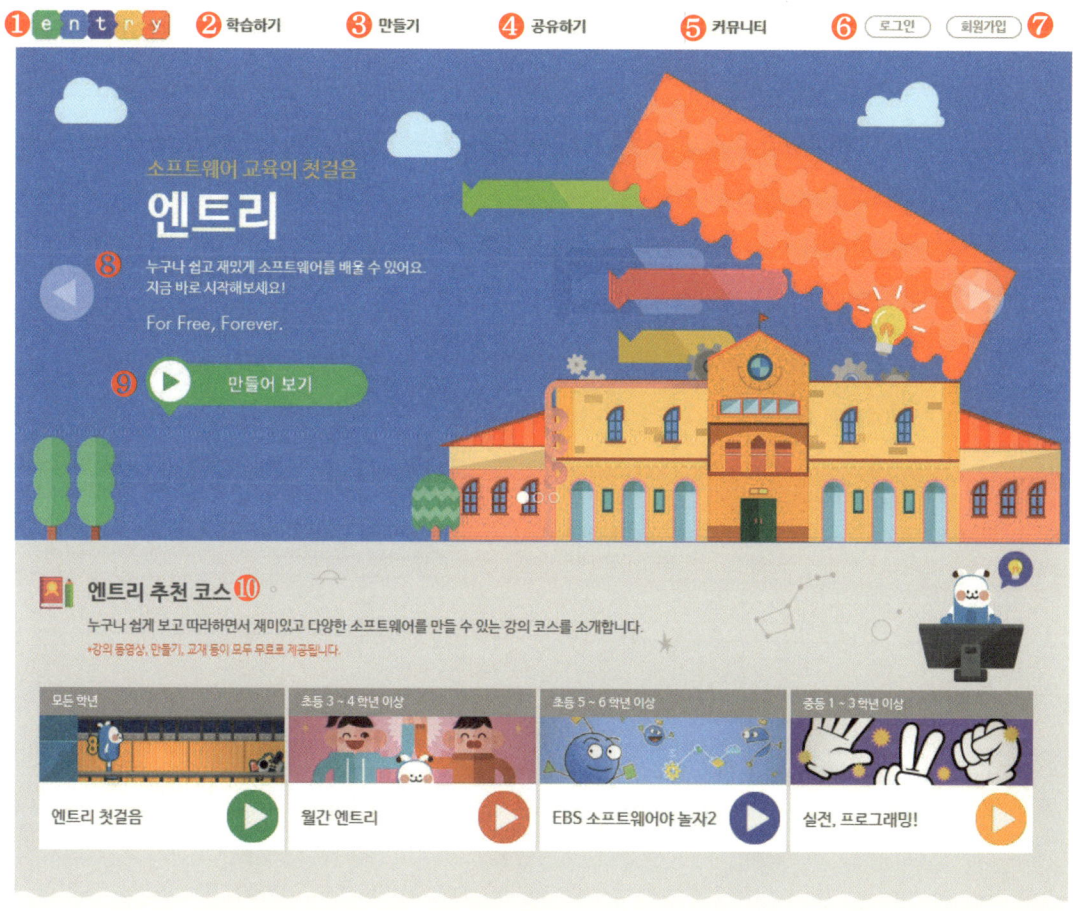

① 엔트리 홈 버튼입니다. 어떤 메뉴에서도 홈 버튼을 누르면 메인화면으로 이동합니다.

② 학습하기

   - 엔트리 학습하기 : 처음 시작하는 사람들을 위한 엔트리 학습과정 / 주제별 학습과정 / 학

년별 추천 학습과정으로 나누어 수준별, 단계적으로 엔트리를 배울 수 있습니다.

- 교육자료 : 엔트리를 포함하여 소프트웨어를 배울 수 있는 교재를 다운로드할 수 있습니다.

- 오픈 강의 : 엔트리의 다양한 기능을 다른 사람들도 배울 수 있도록 강의를 만들어 올리는 메뉴입니다.

❸ 만들기

- 새로 만들기 : 엔트리 작품을 새 프로젝트로 만들 수 있습니다.

- 불러오기 : 기존에 저장했던 프로젝트를 불러올 수 있습니다.

- 엔트리 다운로드 : 인터넷이 연결되지 않아도 사용할 수 있는 엔트리 오프라인 버전을 다운로드 할 수 있습니다.

❹ 공유하기 : 다른 사람들이 제작한 엔트리 작품을 살펴보고 내 작품을 공유할 수 있습니다.

❺ 커뮤니티 : 묻고 답하기, 자유게시판, 제안 및 건의사항을 통해 의견을 나눌 수 있습니다.

❻ 로그인 : 아이디와 비밀번호를 입력하여 엔트리 프로그램을 이용할 수 있습니다.

❼ 회원가입 : 엔트리를 사용하기 위한 가입 절차를 안내합니다.

❽ 화면전환 : 엔트리의 새 소식 및 다양한 기능을 홍보하는 장면을 둘러볼 수 있습니다.

❾ 만들어 보기 : 오브젝트를 추가하여 엔트리 프로젝트를 만들 수 있습니다.

❿ 엔트리 추천코스 : 누구나 쉽게 보고 따라하면서 다양한 소프트웨어를 만들 수 있는 강의 코스를 소개합니다.

「학습하기」의 「처음 시작하는 사람들을 위한 엔트리 학습과정」을 통해
엔트리의 기초 과정을 익혀 봅시다.

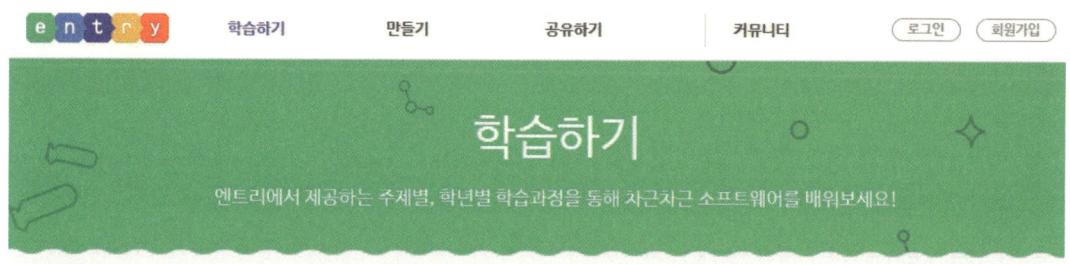

👉 「학습하기」의 「처음 시작하는 사람들을 위한 엔트리 학습과정」 메뉴 화면입니다. '엔트리봇 학교 가는 길'과 '엔트리봇 움직이기' 중에 수준에 맞게 선택합니다. 여기서는 '엔트리봇 학교 가는 길' 과정을 기준으로 살펴보겠습니다.

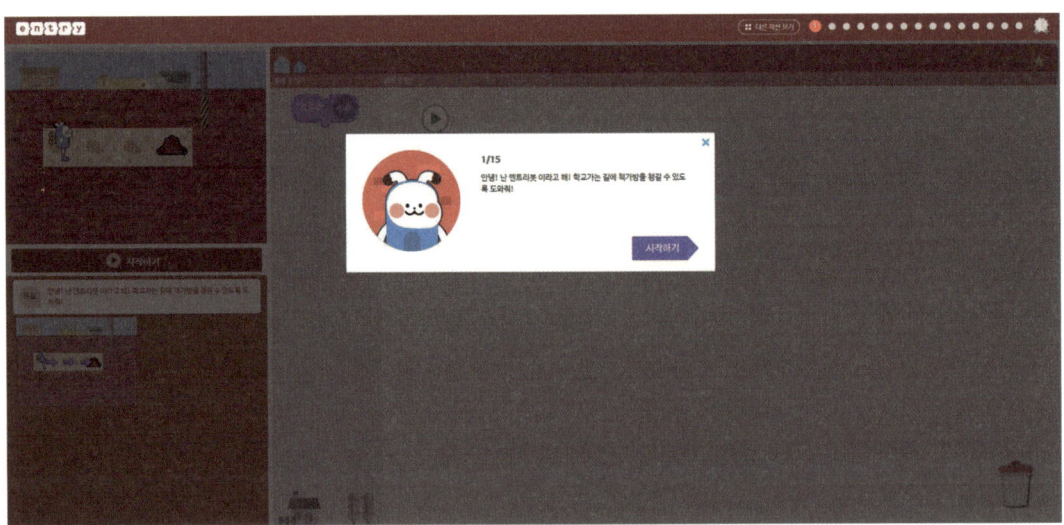

👉 'STEP 1. 엔트리봇 학교 가는 길'을 선택하면 다음과 같은 화면이 나타납니다. 엔트리봇이 단계별로 해결해야 할 미션을 알려줍니다. 엔트리봇과 함께 주어진 미션을 해결하다보면 엔트리의 작동 원리를 깨우칠 수 있습니다.

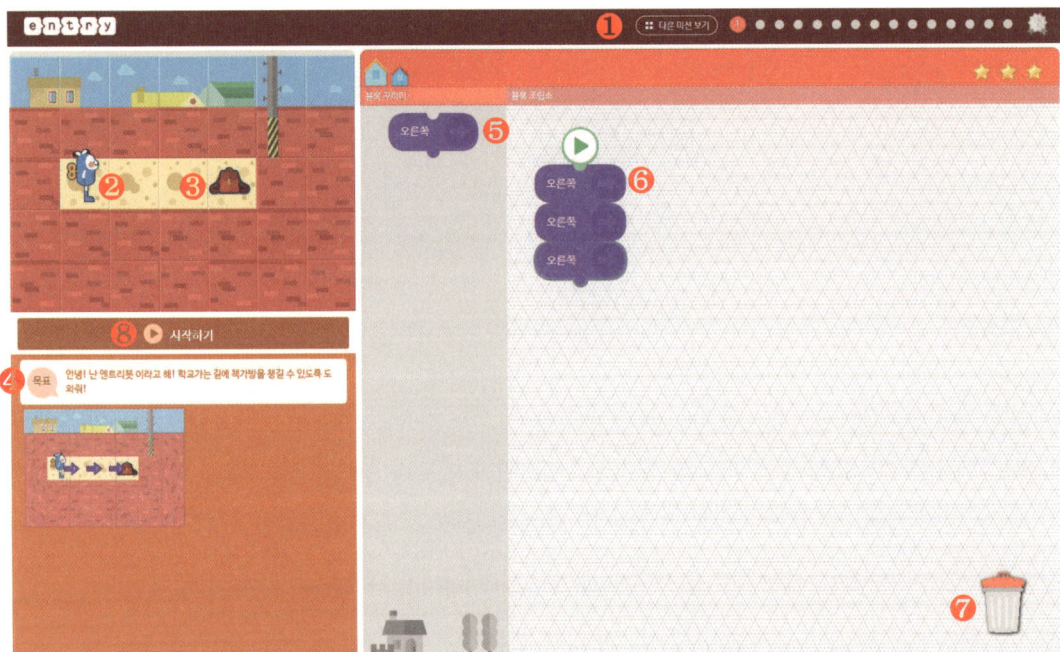

❶ 학습단계 : 해결해야 할 미션의 단계를 그림으로 표시합니다.

❷ 엔트리봇 : 엔트리의 주인공인 엔트리봇 아이콘입니다. 블록 조립소로 명령을 내리면 엔트리봇이 명령대로 움직이게 됩니다.

❸ 목표 지점 : 엔트리봇이 가고자 하는 장소를 나타냅니다.

❹ 미션 목표 : 단계별 미션의 목표를 나타냅니다.

❺ 블록 꾸러미 : 각 미션마다 사용할 수 있는 명령어 블록이 제시되어 있습니다. 블록 꾸러미에 있는 명령어 블록을 블록 조립소로 끌어오면(드래그) 명령대로 움직일 수 있습니다.

❻ 블록 조립소 : 명령어 블록들을 끌어와서(드래그) 한 동작씩 원하는대로 움직이게 할 수 있습니다. 위 그림에서 '오른쪽' 명령어 블록을 블록 조립소로 끌어오고 ❽'시작하기' 버튼을 누르면 엔트리봇이 오른쪽으로 한 칸 이동하게 됩니다.

❼ 휴지통 : 잘못 끌어오거나 필요 없는 명령어 블록을 지우는 역할을 합니다. 블록을 휴지통으로 끌어다가 놓으면 지워집니다.

❽ 시작하기 : 블록 조립소에 원하는 명령어 블록들을 끌어서 붙이고 난 후, '시작하기' 버튼을 누르면 입력된 명령어 블록대로 엔트리봇이 움직이게 됩니다.

「학습하기」를 통해 엔트리가 익숙해졌나요?
엔트리의 꽃이라고 할 수 있는 '만들기'에 대해 알아봅시다.

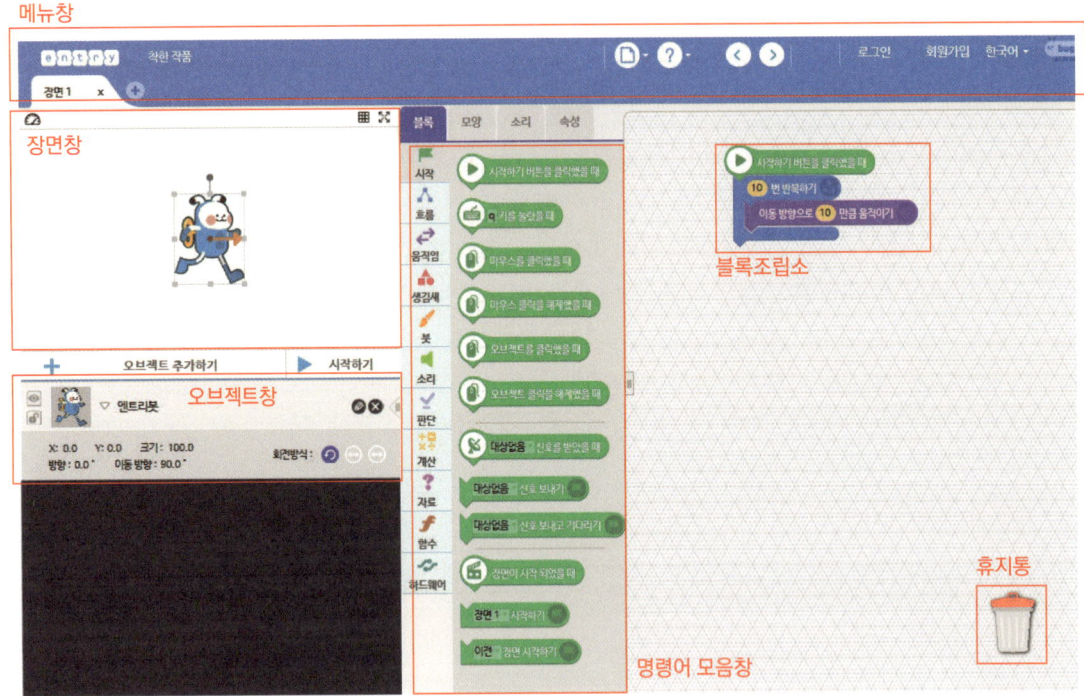

01 메뉴창 : 작업한 내용들을 불러오고 처리하는 메뉴 창입니다.

❶ 프로젝트 이름 : 새롭게 만들 프로젝트의 이름을 나타냅니다. 이름을 수정하고 싶을 땐 마우스를 가까이 하면 수정할 수 있는 칸이 생깁니다.

❷ 장면 : 블록 조립소에서 조립한 명령어 블록을 실제로 실행하며 눈으로 확인할 수 있는 곳입

니다. 내가 조립한 명령어 블록들의 움직임을 확인하고 싶다면 「시작하기」 버튼을 누르면 됩니다.

❸ 장면 추가 : 장면을 추가로 넣고자 할 때 사용합니다. 여러 개의 장면을 넣고자 할 때 주로 사용합니다.

❹ 새로 만들기/불러오기 : 새로운 프로젝트를 만들거나 기존에 만들었던 프로젝트를 불러옵니다.

❺ 블록 도움말 : 다양한 명령어 블록의 기능을 알려주거나 하드웨어(아두이노, 엔트리 센서보드)를 연결하는 방법에 대해 안내합니다.

❻ 되돌리기 : 방금 했던 작업을 취소하고 전 단계로 되돌립니다.

❼ 다시 하기 : 취소했던 작업을 원래대로 돌립니다.

02 장면창 : 배경을 꾸미거나 명령어 블록대로 실행하게 되는 장면 창입니다.

❶ 속도 조절 : 명령어 블록들의 재생 속도를 조절할 수 있습니다. 엔트리봇과 오브젝트의 재생 속도를 총 5단계로 조절할 수 있습니다.

❷ 좌표계 : 장면 창에 마우스 커서를 놓으면 커서 위치에 따라 좌표를 표시해줍니다. 좌표는 오브젝트의 배치와 거리 측정에 도움을 줍니다. 좌우로는 ±240, 상하로는 ±135까지 놓을 수 있습니다.

❸ 격자 : 장면 창에 격자무늬가 생기게 되어 오브젝트의 수평이나 수직을 맞추는데 도움이 됩니다.

❹ 장면 확대 : 장면 창을 크게 키워 오브젝트의 움직임을 확대하여 볼 수 있습니다.

❺ 오브젝트 : 오브젝트의 원래 뜻은 물건, 물체입니다. 이와 같이 장면 창에서 명령어 블록대로 움직이는 모든 사물을 말합니다. 여기서는 주인공인 엔트리봇이 등장했지만 사람, 자동차, 태양, 바위 등 모든 것이 오브젝트가 될 수 있습니다. 오브젝트에 명령어 블록을 조립(코딩)해주는 것이 엔트리 프로그램의 핵심 과정이라고 할 수 있습니다.

❻ 오브젝트 추가 : 다양한 오브젝트를 추가할 수 있습니다. 엔트리 프로그램에서 제공해주는 오브젝트와 내가 가지고 있는 그림 파일을 이용할 수도 있습니다.

❼ 시작하기 : 내가 조립한 명령어 블록을 실행해주는 역할을 합니다.

03 오브젝트 창 : 장면 창에 등장하는 오브젝트들의 정보가 담겨 있는 오브젝트 창입니다.

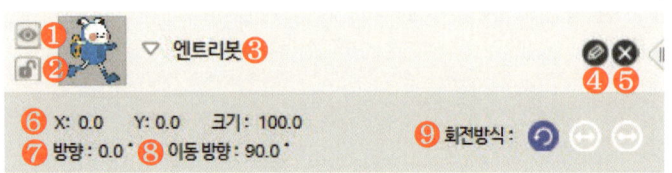

❶ 보이기/숨기기 : 선택한 오브젝트를 숨기거나 보이게 할 때 사용합니다. 클릭을 할 때마다 숨기기와 보이기가 반복됩니다.

❷ 잠그기/풀기 : 다양한 오브젝트를 장면 창에 배치할 때 주로 사용합니다. 오브젝트끼리 간섭을 받지 않기 위해 배경 오브젝트나 코딩을 마친 오브젝트는 잠그면 좋습니다.

❸ 오브젝트 이름 : 삽입한 오브젝트의 명칭을 나타냅니다.

❹ 오브젝트 수정 : 오브젝트의 이름, 좌표, 크기, 방향, 이동 방향을 직접 구체적인 수치로 수정할 수 있습니다.

❺ 오브젝트 삭제 : 선택한 오브젝트를 삭제합니다.

❻ 오브젝트 위치 : 삽입한 오브젝트가 배치되어 있는 위치를 X 좌표(좌우)와 Y 좌표(상하)로 나타냅니다.

❼ 방향 : 오브젝트의 기본 방향에서 몇 도나 회전하였는지 알려줍니다. 오브젝트를 클릭하면 위쪽에 동그란 조절 바가 나타나는데 이것을 움직이면 오브젝트가 회전합니다.

❽ 이동 방향 : 명령어 블록을 실행하면 오브젝트가 어느 방향으로 이동할지 나타냅니다. 오브젝트 중앙에 위치한 주황색 화살표 방향이 가리키는 대로 이동합니다.

❾ 회전방식 : 순서대로 돌리기, 좌우로 뒤집기, 고정 상태를 나타냅니다.

04 명령어 모음창 : 오브젝트를 원하는대로 움직이고 명령을 내릴 수 있는 명령어 모음 창입니다.

❶ 블록 탭 : 다양한 명령어 블록들이 종류별로 모여 있습니다. 명령어 블록을 블록 조립소로 끌어와(드래그) 조립을 하면 이에 따라 오브젝트들이 움직이게 됩니다. 오브젝트의 움직임, 모양, 함수, 소리 등을 설정할 수 있습니다. 엔트리 프로그램의 가장 중요한 부분이라고 할 수 있습니다.

❷ 모양 탭 : 오브젝트의 움직임을 수정하거나 오브젝트의 모양을 추가할 수 있는 탭입니다.

❸ 소리 탭 : 오브젝트에 소리를 넣거나 원하는 조건에 소리가 나도록 설정할 수 있습니다.

❹ 속성 탭 : 전체, 변수, 신호, 리스트, 함수에 관한 속성을 추가하거나 수정할 수 있습니다.

❺ 명령어 모음 탭 : 시작, 흐름, 움직임, 생김새 등 명령어 모음 탭 별로 다양한 명령어 블록이 담겨 있습니다. 명령어 블록들을 목적에 맞게 선택하여 블록 조립소로 끌어와(드래그) 조립하는 방식으로 코딩합니다.

❻ 하드웨어 : 엔트리 프로그램(소프트웨어)에 연결할 수 있는 아두이노나 엔트리 센서보드(하드웨어)에 대한 안내가 되어 있습니다.

05 블록 조립소 : 명령어 모음 창에 있는 명령어 블록들을 끌어와(드래그) 순서대로
조립하는 공간입니다.

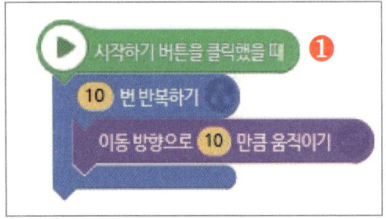

❶ 명령어 블록 : 오브젝트에 구체적인 명령(움직임, 모양, 소리, 함수 등)을 내리는 역할을 합니다. 여러 가지 명령어 블록을 조립하여 실행하면 이에 따라 오브젝트가 움직이거나 소리를 내게 됩니다. 목적에 맞게 적절한 명령어 블록을 조립(코딩)하는 것은 엔트리 프로그램의 핵심적인 과정이라고 할 수 있습니다.

❷ 휴지통 : 잘못 가져오거나 불필요한 명령어 블록을 삭제합니다. 필요 없는 명령어 블록을 휴지통으로 끌어서(드래그) 삭제하거나 마우스 오른쪽 버튼을 클릭하여 블록을 삭제 또는 복사할 수 있습니다.

등장인물 소개

안녕! 나는 소피라고 해!
웨이, 엔트리봇과 함께 지구를 살리기 위해 노력하고 있단다.
너도 우리와 함께 엔트리봇을 코딩하면서 지구를 지키는
일에 참여하지 않을래?

안녕! 나는 웨이라고 해!
나는 호기심이 많고 궁금한 게 생기면 해결하지 않고는
못 배기는 성격이야.
어려움을 헤쳐 나가면서 결국 지구를 지키기 위해
소피, 엔트리봇과 함께 오늘도 탐험을 이어가고 있단다.

안녕! 나는 엔트리봇이야
너희들이 엔트리에 코드를 입력하면
나는 너희들이 코딩한대로 움직일 수 있어.
하나뿐인 지구를 위해 먼 미래에서 현재로
시간 여행을 왔어.

나는 김박사라고 한단다.

우리가 코딩을 하면 우리를 도와주도록 엔트리봇을 수리했지.

너희들도 우리와 탐험을 하면 큰 힘이 될거다.

엔트리의 탐험에 함께 하겠니?

나는 주인공인 웨이의 아들인 피터야.

그림 속에선 웨이가 훨씬 어려 보이지?

맞아, 사실 난 먼 미래에서 살고 있어.

하나뿐인 지구가 환경오염으로 몸살을 앓고 있어.

그래서 이 지구가 사라지기 전에 아빠가 살던 21세기로 엔트리봇을

보내 지구를 구하도록 했어.

프롤로그

Part 1 미래에서 온 엔트리봇

Chapter 1 박사님, 도와주세요.

이번 장에서 배울 엔트리 주요 내용은?
☞ 오브젝트 추가, 오브젝트 편집(크기, 위치 등), 말풍선, ~초 기다리기 등

과제 확인하기

오브젝트 추가

배경화면, 등장인물, 자연환경, 음식, 물건, 장비 등 다양한 오브젝트를 추가하여 원하는 화면을 구성하도록 한다.

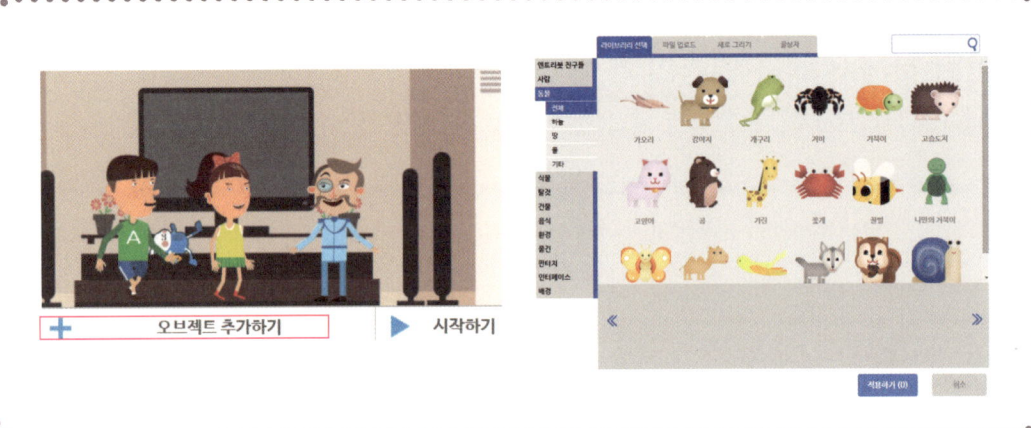

오브젝트 편집

오브젝트의 크기 변경, 이름 변경, 위치 및 방향 지정, 보이기 및 숨기기, 수정 가능 및 수정 불가능 등의 편집을 할 수 있다.

[오브젝트의 크기 변경]

- 변경하고자 하는 오브젝트를 마우스 왼쪽 버튼을 클릭하여 선택한다.

- 오브젝트 주변에 생긴 점들을 마우스 왼쪽 버튼을 클릭한 상태에서 방향을 이동하면 오브젝트의 크기를 늘리거나 줄일 수 있다.

- 정확한 크기를 지정해주고 싶을 때에는 오른쪽 연필 모양의 아이콘을 클릭한 뒤, 아래에 위치한 '크기'의 숫자를 수정하도록 한다.

- 같은 방법으로 오브젝트의 '위치', '방향', '이동 방향' 등을 지정할 수 있다.

[오브젝트의 이름 변경]

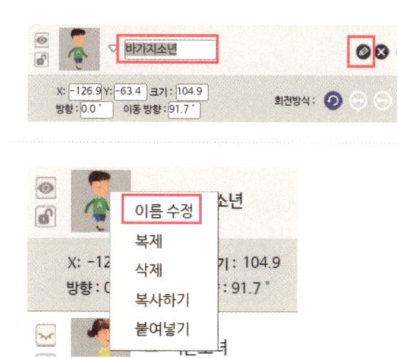

- 오른쪽 연필 모양의 아이콘을 클릭한 뒤, 오브젝트에 설정되어 있는 이름을 변경한다.

- 오브젝트 이미지 위에 마우스 커서를 올려놓고, 마우스 오른쪽 버튼을 누르면 메뉴창이 생긴다. 이 상태에서 '이름 수정'을 클릭하여 오브젝트 이름을 수정할 수 있다.

- 위와 같은 방법으로 오브젝트의 '복제', '삭제', '복사하기', '붙여넣기'를 할 수 있다.

[오브젝트 숨기기 및 잠금 설정]

- 오브젝트창의 왼쪽 위의 눈동자 모양 아이콘을 누르면 오브젝트의 이미지를 숨기기/보이기로 설정할 수 있다.

- 오브젝트창의 왼쪽 아래의 자물쇠 모양 아이콘을 클릭하면 해당 오브젝트에 대한 편집을 가능/불가능으로 설정할 수 있다.

- 오브젝트의 수가 늘어나고 편집이 복잡해질 경우에 위와 같은 설정으로 필요한 오브젝트만 수정할 수 있다.

알고리즘 설계하기

오브젝트 추가(등장 인물, 배경화면 설정), 오브젝트 크기 및 위치 지정

오브젝트 순서	웨이	소피	김박사
1	2초 기다리기	'박사님!'을 2초 동안 말하기	2초 기다리기
2	2.5초 기다리기	2.5초 기다리기	'무슨 일이니?'를 2.5초 동안 말하기
3	3초 기다리기	'엔트리봇이 고장났어요.'를 3초 동안 말하기	
4	'도와주세요. 박사님.'을 3초 동안 말하기		

하나 더!

▶ 말하는 시간을 말의 길이 및 대화 상황에 알맞게 설정하도록 한다.

코딩하기

[오브젝트 추가(웨이, 소피, 박사님, 거실)]

- '오브젝트 추가하기' 버튼을 클릭하여 필요한 인물 오브젝트를 선택한다.

- 오브젝트 추가 메뉴에서 '사람-전체-리본소녀, 괴짜박사, 리본소녀'를 찾아 선택 후, '적용하기'를 클릭한다.

- 위와 같은 방법으로 '배경-거실(1)'을 선택하여 알맞은 배경을 불러오도록 한다.

- 필요한 오브젝트를 모두 추가하였으면 이야기에 알맞게 오브젝트의 이름을 변경하도록 한다 ('오브젝트의 이름 변경' 참고).

하나 더!

▶ 상황에 알맞은 인물, 배경 등 오브젝트를 선택하는 것이 이야기의 구성을 자연스럽게 만들 수 있다.

▶ 여러 개의 오브젝트가 추가된 경우, 이야기의 상황에 맞게 오브젝트의 이름을 변경하여 활용하도록 한다.

- 상황 및 내용에 알맞게 등장인물 오브젝트의 크기, 위치, 방향을 설정한다.
- 오브젝트의 바라보는 방향을 바꾸고 싶은 경우에는 [모양] 탭의 오른쪽 아래 '좌우 뒤집기' 버튼을 눌러 '파일-저장하기' 또는 '파일-새 모양으로 저장'을 선택한다.

하나 더!

▶ [모양] 탭에서는 엔트리에서 제공하는 오브젝트 이외에도 외부의 이미지 파일을 불러와서 활용할 수 있다(편집→가져오기).

▶ 또한 자르기, 펜 쓰기, 선 및 도형 그리기, 글자 입력, 색 채우기 등 여러 가지 이미지 편집 기능을 제공하므로 사용자의 의도에 맞는 오브젝트를 만들 수 있다.

▶ '파일-저장하기'는 기존 오브젝트를 변경하여 저장할 때, '파일-새 모양으로 저장'은 기존 오브젝트는 남겨둔 상태에서 새로운 오브젝트를 추가하여 저장할 때 사용한다.

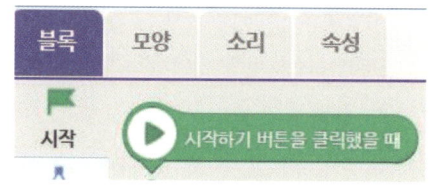

- 시작하는 방법이 따로 필요하지 않으면 [블록] 탭에서 를 가져온다.

[소피 오브젝트]

- 소피 오브젝트를 클릭하여 선택한다.
- [블록] 탭에서 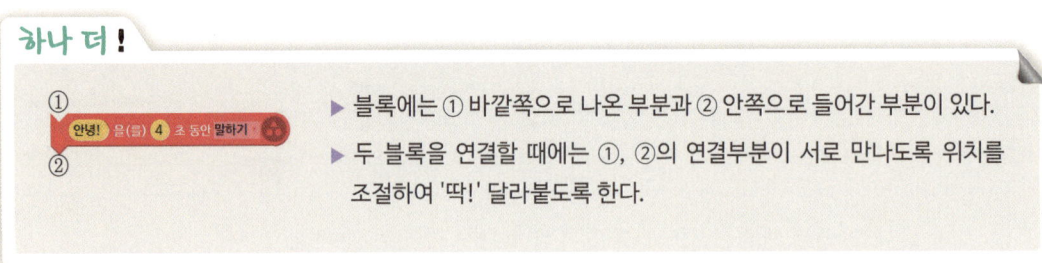 를 가져온다.
- 가져온 블록을 <시작하기 버튼을 클릭했을 때> 아래 위치로 끌어서 연결한다.
- '안녕!'을 '박사님.'으로 수정하고, '4초'를 '2초'로 수정한다.

하나 더!

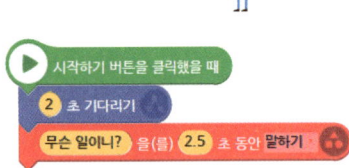

▶ 블록에는 ① 바깥쪽으로 나온 부분과 ② 안쪽으로 들어간 부분이 있다.
▶ 두 블록을 연결할 때에는 ①, ②의 연결부분이 서로 만나도록 위치를 조절하여 '딱!' 달라붙도록 한다.

[김박사 오브젝트]

- 김박사 오브젝트를 클릭하여 선택한다.
- 순서에 맞게 대화하기 위해서는 소피가 김박사에게 말하는 시간동안(2초) 기다려야 한다.
- [블록] 탭에서 [2 초 기다리기] 를 연결하고, [안녕! 을(를) 4 초 동안 말하기] 를 연결하여 대화 내용 및 시간을 수정한다.

하나 더!

▶ 상대방이 말하는 시간에 딱 맞춰서 기다리는 것 보다는 0.3초~0.5초 정도 더 기다리는 것이 좀 더 자연스럽게 대화하는 모습으로 보일 수 있다.

[소피 오브젝트]

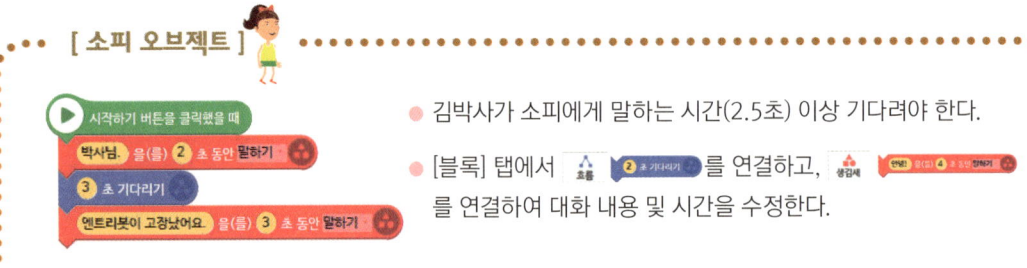

- 김박사가 소피에게 말하는 시간(2.5초) 이상 기다려야 한다.
- [블록] 탭에서 [2 초 기다리기] 를 연결하고, [안녕! 을(를) 4 초 동안 말하기] 를 연결하여 대화 내용 및 시간을 수정한다.

[웨이 오브젝트]

- 웨이 오브젝트를 클릭하여 선택한다.

- 웨이는 소피와 김박사의 대화가 이루어지는 동안 계속 기다려야 하므로 그 시간을 더하여 7.5초 기다리도록 수정한다.

- [블록]탭에서 ❘ 2 초 기다리기 ❘를 연결하고, ❘ 안녕! 을(를) 4 초 동안 말하기 ❘ 를 연결하여 대화 내용 및 시간을 수정한다.

실행 및 점검하기

[시작하기]

- 알고리즘에서 설계한 것이 바르게 코딩이 되었는지 실행 화면 아래의 '시작하기' 버튼을 클릭하여 확인하여 본다.

- 이야기의 상황에 맞지 않거나 어색한 부분이 있으면 해당 오브젝트를 선택하여 코드를 수정하도록 한다.

창조하기

오브젝트를 추가하여 '등굣길에 친구들과 만나 인사를 나누는 장면'을 만들어 봅시다.

Chapter 2 엔트리봇을 고쳐요

오브젝트를 이동하고 회전시켜 봅시다.

이번 장에서 배울 엔트리 주요 내용은?

👉 오브젝트 이동하기, 오브젝트 회전시키기 등

과제 확인하기

생각 다듬기

오브젝트 이동

오브젝트를 이동하는 방법에는 여러 가지가 있는데 이동 방향으로 움직이는 방법, 일정한 좌표를 지정하여 움직이는 방법, 특정 오브젝트가 위치한 곳으로 움직이는 방법 등이 있다.

[오브젝트의 이동 방향 변경]

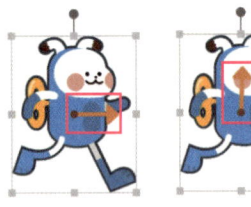

- 오브젝트를 클릭하면 가운데 생기는 화살표의 방향이 오브젝트의 이동 방향이 된다.
- 오브젝트의 이동 방향을 수정하고 싶을 때에는 이 화살표를 마우스 왼쪽 버튼을 누른 상태에서 원하는 방향으로 변경할 수 있다.

[오브젝트의 좌표를 변경하여 이동]

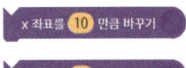

- [블록] 탭의 움직임 카테고리에서 x 좌표나 y 좌표를 바꿔주면 현재 위치에서 바꿔준 수치만큼 오브젝트가 이동한다.

[오브젝트의 좌표를 변경하여 이동]

- [블록] 탭의 움직임 카테고리에서 x 좌표, y 좌표의 위치로 이동시키는 블록을 활용하면 현재 위치와는 관계없이 지정된 좌표로 오브젝트가 바로 이동한다.

[특정 오브젝트가 위치한 곳으로 이동]

- 오브젝트를 특정 오브젝트가 위치한 곳으로 이동시키기 위해서는 움직임 엔트리봇 위치로 이동하기 를 가져와서 김박사 위치로 이동하기 와 같이 특정 오브젝트의 이름을 선택하도록 한다.

하나 더!

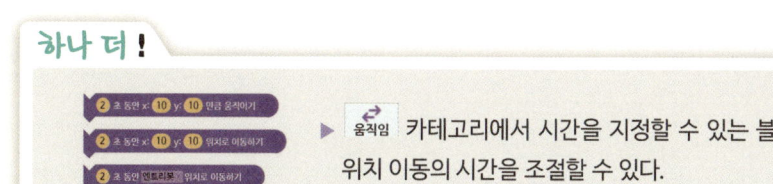

▶ 움직임 카테고리에서 시간을 지정할 수 있는 블록을 활용하여 움직임 또는 위치 이동의 시간을 조절할 수 있다.

오브젝트 회전

오브젝트가 바라보는 방향을 변경할 수 있다.

[오브젝트의 이동 방향 변경]

- 움직임 방향을 90° 만큼 회전하기 를 이용하여 회전 각도를 조절할 수 있다.

- 각도의 값이 0보다 큰 경우에는 시계 방향으로, 0보다 작을 경우에는 시계 반대방향으로 회전한다.

- 오브젝트 이동의 경우와 같이 회전시간을 조절할 수 있다.

알고리즘 설계하기

오브젝트 추가(등장 인물, 배경화면 설정), 오브젝트 크기 및 위치 지정

순서 / 오브젝트	김박사	웨이	엔트리봇
1	'엔트리봇의 상태를 살펴보자.'를 2.5초 동안 말하기	2.5초 기다리기	2.5초 기다리기
2	'침대 위에 올려주겠니?'를 2.5초 동안 말하기	2.5초 기다리기	2.5초 기다리기
3	2.5초 기다리기	'감사합니다. 박사님.'을 2.5초 동안 말하기	2.5초 기다리기
4	2초 기다리기	2초 기다리기	2초 동안 방향을 −90° 만큼 회전하기
5	2초 기다리기	2초 기다리기	2초 동안 x:15 y:0 만큼 움직이기
6	'어디보자. 여기를 이렇게, 뚝딱뚝딱'을 3초 동안 말하기	3초 기다리기	
7	2초 기다리기	2초 기다리기	
8	'휴, 겉은 고쳤으나 소프트웨어 쪽이 문제가 있구나.'를 3초 동안 말하기	3초 기다리기	
9	2초 기다리기	'박사님, 그럼 어떻게 해야 하나요?'를 2초 동안 말하기	
10	'일단 학습이 가능한 형태로 해놓았으니'를 3초 동안 말하기	3초 기다리기	
11	'너희들과 함께 학교생활을 하며 잘 알려주면 좋아질 거야.'를 3초 동안 말하기	3초 기다리기	
12		'감사합니다.'를 2초 동안 말하기	

코딩하기

•••• [오브젝트 추가(방)] ••••••••••••••••••••••

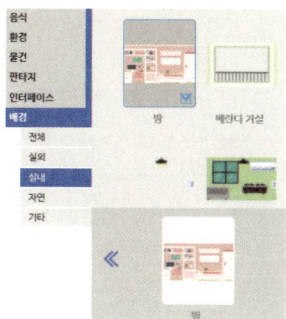

● '오브젝트 추가하기' 버튼을 클릭하여 '배경-실내-방'을 찾아 선택 후, 오른쪽 아래 적용하기 버튼을 클릭한다.

•••• [오브젝트 크기 및 위치 설정] ••••••••••••••••••

● 상황 및 내용에 알맞게 등장인물 오브젝트의 크기, 위치, 방향을 설정한다.

•••• [김박사 오브젝트] ••••••••••••••••••••••

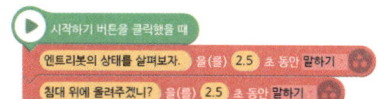

● 김박사 오브젝트를 클릭하여 선택한다.

● [블록] 탭에서 안녕! 을(를) 4 초 동안 말하기 를 2개 가져와 대화 내용과 시간을 수정한 뒤 연결한다.

하나 더 !

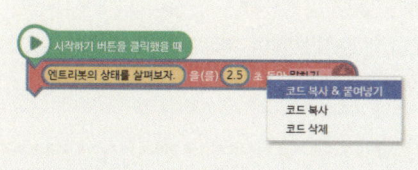

▶ 같은 형태의 블록(코드)들을 여러 개 복사하고 싶을 때에는 블록 위에 마우스 커서를 두고 마우스 오른쪽 버튼을 눌러 '코드복사 & 붙여넣기' 기능을 활용할 수 있다(키보드의 Ctrl + C → Ctrl + V 를 눌러도 같은 기능을 동작한다).

[웨이 오브젝트]

```
시작하기 버튼을 클릭했을 때
5 초 기다리기
감사합니다. 박사님 을(를) 2.5 초 동안 말하기
```

- 웨이 오브젝트를 클릭하여 선택한다.

- 김박사가 말하는 시간(5초) 동안 기다려야 하므로 [블록] 탭에서 `호름` `2 초 기다리기` 를 연결하여 시간을 수정한다.

- `생김새` `안녕! 을(를) 4 초 동안 말하기` 를 연결하여 대화 내용 및 시간을 수정한다.

[엔트리봇 오브젝트]

```
시작하기 버튼을 클릭했을 때
7.5 초 기다리기
2 초 동안 방향을 -90° 만큼 회전하기
2 초 동안 x: 15 y: 0 만큼 움직이기
```

- 엔트리봇 오브젝트를 클릭하여 선택한다.

- 김박사와 웨이가 말하는 시간(7.5초) 동안 기다려야 하므로 [블록] 탭에서 `호름` `2 초 기다리기` 를 연결하여 시간을 수정한다.

- 엔트리봇을 침대에 자연스럽게 눕히기 위해서는 위쪽 방향으로 회전해야 하므로 `움직임` `2 초 동안 방향을 90° 만큼 회전하기` 를 연결한 뒤 각도를 '-90°'로 수정한다.

- 김박사 쪽으로 엔트리봇을 옮겨줘야 하므로 `움직임` `x: 0 y: 0 위치로 이동하기` 를 연결한 뒤 'x:15'로 수정한다.

[김박사 오브젝트]

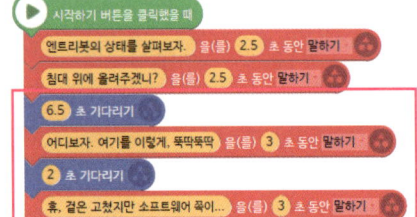

- 김박사 오브젝트를 클릭하여 선택한다.

- 웨이가 말하는 시간과 엔트리봇이 회전하고 움직이는 시간(6.5초) 동안 기다려야 하므로 `호름` `2 초 기다리기` 를 연결하여 시간을 수정한다.

- `생김새` `안녕! 을(를) 4 초 동안 말하기` 를 연결하여 대화 내용 및 시간을 수정한다.

- 고치는 시간을 주기 위해 `호름` `2 초 기다리기` 를 연결하고, `생김새` `안녕! 을(를) 4 초 동안 말하기` 를 연결하여 대화 내용을 "휴, 겉은 고쳤지만 소프트웨어 쪽이 문제가 있구나."로 하고 시간을 수정한다.

[웨이 오브젝트]

```
▶ 시작하기 버튼을 클릭했을 때
  5 초 기다리기
  감사합니다. 박사님 을(를) 2.5 초 동안 말하기
  12 초 기다리기
  박사님, 그럼 어떻게 해야 하나요? 을(를) 2 초 동안 말하기
```

- 웨이 오브젝트를 클릭하여 선택한다.
- 엔트리봇이 회전하고 움직이는 시간과 김박사가 말하는 시간(12초) 동안 기다려야 하므로 [흐름] 2 초 기다리기 를 연결하여 시간을 수정한다.
- [생김새] 안녕! 을(를) 4 초 동안 말하기 를 연결하여 대화 내용 및 시간을 수정한다.

[김박사 오브젝트]

```
  휴, 겉은 고쳤지만 소프트웨어 꾸어... 을(를) 3 초 동안 말하기
  2 초 기다리기
  일단 엔트리봇이 배울 수 있게 바꿔... 을(를) 3 초 동안 말하기
  너희들과 함께 학교생활을 하며 잘 ... 을(를) 3 초 동안 말하기
```

- 김박사 오브젝트를 클릭하여 선택한다.
- 웨이가 말하는 시간(2초) 동안 기다려야 하므로 [흐름] 2 초 기다리기 를 연결한다.
- [생김새] 안녕! 을(를) 4 초 동안 말하기 를 2개 연결하여 대화 내용을 "일단 엔트리봇이 배울 수 있게 바꿔놓았으니", "너희들과 함께 학교생활을 하며 잘 알려주면 좋아질 거야."로 입력하고 시간을 각각 '3초'로 수정한다.

하나 더!

▶ 한 문장이지만 내용이 긴 경우에는 2~3개 블록에 나누어 대화 내용이 나타나도록 하는 것이 자연스럽다.

[웨이 오브젝트]

```
  박사님, 그럼 어떻게 해야 하나요? 을(를) 2 초 동안 말하기
  6 초 기다리기
  감사합니다. 을(를) 2 초 동안 말하기
```

- 웨이 오브젝트를 클릭하여 선택한다.
- 김박사가 말하는 시간(6초) 동안 기다려야 하므로 [흐름] 2 초 기다리기 를 연결하여 시간을 수정한다.
- [생김새] 안녕! 을(를) 4 초 동안 말하기 를 연결하여 대화 내용 및 시간을 수정한다.

'아침에 어머니께서 깨워주시는 소리를 듣고 침대에서 일어나는 장면'을 만들어 봅시다.

Chapter ③ 안전하게 등교해요[기초]

이동 방향을 변경해가며 오브젝트를 움직여 봅시다.

이번 장에서 배울 엔트리 주요 내용은?

☞ 오브젝트 시작 위치 지정하기, 오브젝트의 이동 방향 변경하기 등

과제 확인하기

생각 다듬기

오브젝트의 위치 확인 및 시작 위치 지정하기

블록을 조립하여 코드를 만들다 보면 오브젝트가 특정 위치에서 시작을 해야만 하는 경우가 있다. 이럴 때 오브젝트를 원하는 위치에 이동시킨 뒤 그 위치의 x, y 값을 확인 및 지정하도록 한다.

[오브젝트의 현재 위치 확인]

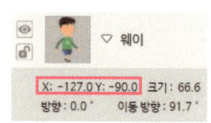

● 오브젝트 아래에 나타난 정보를 확인하면 오브젝트가 현재 위치한 x, y 좌표의 값을 확인할 수 있다.

[오브젝트의 시작 위치 지정하기]

● 오브젝트를 특정 위치에서 시작하고자 할 때에는 시작 블록 바로 아래에 원하는 x, y 좌표의 값을 지정한다.

오브젝트 이동 방향 변경하기

오브젝트의 이동 방향을 여러 차례 변경할 경우에 이동 방향의 값(각도)을 지정하여 변경하도록 한다.

[오브젝트의 이동 방향 변경하기]

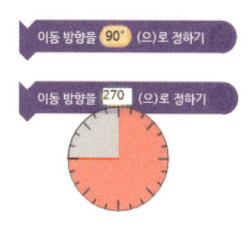

● 를 이용하면 상황에 맞게 오브젝트의 이동 방향을 지정할 수 있다.

● 각도의 값을 수정하는 곳을 마우스 왼쪽 단추로 클릭하면 아래에 시계 모양의 그림이 생긴다. 그림 안의 붉은 색 선의 방향으로 각도 값의 조정 및 방향 확인이 가능하다.

알고리즘 설계하기

오브젝트 추가(등장인물, 장애물, 학교건물 등), 오브젝트 크기 및 위치 지정

오브젝트 순서	웨이	엔트리봇
1	'집에서 학교로 가는 길을 안내해줄게.'를 3초 동안 말하기	3초 기다리기
2	2초 기다리기	'고마워.'를 2초 동안 말하기
3	'공사하는 곳은 위험하니 조심해야해.'를 3초 동안 말하기	3초 기다리기
4	2초 기다리기	'그래.'를 2초 동안 말하기
5	이동 방향으로 45 만큼 움직이기	이동 방향으로 45 만큼 움직이기
6	'앗, 장애물이다. 피해 가자.'를 3초 동안 말하기	3초 기다리기
7	3초 기다리기	'공사용 물건이 위험하게 놓여있네.'를 3초 동안 말하기
8	이동 방향을 0°(으)로 정하기	이동 방향을 0°(으)로 정하기
9	이동 방향으로 50 만큼 움직이기	이동 방향으로 50 만큼 움직이기
10	1초 기다리기	1초 기다리기
11	이동 방향을 90°(으)로 정하기	이동 방향을 90°(으)로 정하기
12	이동 방향으로 90 만큼 움직이기	이동 방향으로 90 만큼 움직이기

코딩하기

[오브젝트 추가(집, 학교, 공사용 물품, 병원 등)]

● '오브젝트 추가하기' 버튼을 클릭하여 '건물-건축물-건물(3), 건물(8), 병원(1)'과 '건물-기타-부숴진통나무집'을 찾아 선택 후, 오른쪽 아래 적용하기 버튼을 클릭한다.

- 상황 및 내용에 알맞게 등장인물 오브젝트의 크기, 위치, 방향을 설정한다.

- 본 장에서는 각 오브젝트(특히 엔트리봇과 웨이, 부숴진 통나무집, 학교)의 위치에 따라 움직여야 하는 값의 크기가 달라지므로 이 점을 염두에 두도록 한다.

[웨이 오브젝트]

- 웨이 오브젝트를 클릭하여 선택한다.

- 움직임 | x: ⓞ y: ⓞ 위치로 이동하기 를 연결한 뒤 'x:-127, y:-90'으로 수정한다(웨이의 시작 지점 설정).

- 생김새 | 안녕! 을(를) 4 초 동안 말하기 를 연결하여 대화 내용 및 시간을 수정한다.

[엔트리봇 오브젝트]

- 엔트리봇 오브젝트를 클릭하여 선택한다.

- 움직임 | x: ⓞ y: ⓞ 위치로 이동하기 를 연결한 뒤 'x:-170, y:-100'으로 수정한다(엔트리봇의 시작 지점 설정).

- 웨이가 말하는 시간(3초) 동안 기다려야 하므로 흐름 | 2 초 기다리기 를 연결하여 시간을 수정한다.

- 생김새 | 안녕! 을(를) 4 초 동안 말하기 를 연결하여 대화 내용 및 시간을 수정한다.

[웨이 오브젝트]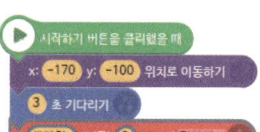

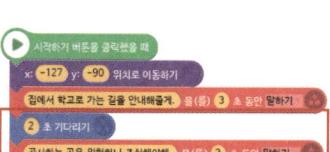

- 웨이 오브젝트를 클릭하여 선택한다.

- 엔트리봇이 말하는 시간(2초) 동안 기다려야 하므로 흐름 | 2 초 기다리기 를 연결한다.

- 생김새 | 안녕! 을(를) 4 초 동안 말하기 를 연결하여 대화 내용 및 시간을 수정한다.

51

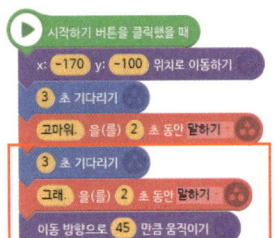

- 엔트리봇 오브젝트를 클릭하여 선택한다.
- 웨이가 말하는 시간(3초) 동안 기다려야 하므로 [흐름] [2 초 기다리기] 를 연결하여 시간을 수정한다.
- [생김새] [안녕! 을(를) 4 초 동안 말하기] 를 연결하여 대화 내용 및 시간을 수정한다.
- [움직임] [이동 방향으로 10 만큼 움직이기] 를 연결하고 값을 수정한다.

[웨이 오브젝트]

- 웨이 오브젝트를 클릭하여 선택한다.
- 엔트리봇이 말하는 시간(2초) 동안 기다려야 하므로 [흐름] [2 초 기다리기] 를 연결한다.
- [움직임] [이동 방향으로 10 만큼 움직이기] 를 연결하고 값을 수정한다.
- [생김새] [안녕! 을(를) 4 초 동안 말하기] 를 연결하여 대화 내용 및 시간을 수정한다.

[엔트리봇 오브젝트]

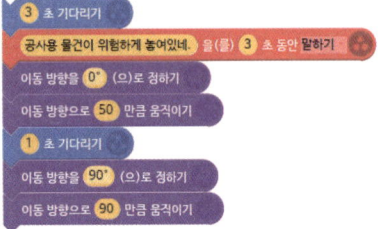

- 엔트리봇 오브젝트를 클릭하여 선택한다.
- 웨이가 말하는 시간(3초) 동안 기다려야 하므로 [흐름] [2 초 기다리기] 를 연결하여 시간을 수정한다.
- [생김새] [안녕! 을(를) 4 초 동안 말하기] 를 연결하여 대화 내용 및 시간을 수정한다.
- 장애물을 피해 위쪽으로 이동해야 하므로 [움직임] [이동 방향을 90° (으)로 정하기] 를 연결하여 방향을 '0°'로 수정하고 [이동 방향으로 10 만큼 움직이기] 를 연결해 '50' 만큼 움직이도록 한다. 같은 방법으로 이동 방향을 변경하여 학교까지 도착하도록 움직임 값을 지정해준다.

[웨이 오브젝트]

블록
3 초 기다리기
이동 방향을 **0°** (으)로 정하기
이동 방향으로 **50** 만큼 움직이기
1 초 기다리기
이동 방향을 **90°** (으)로 정하기
이동 방향으로 **90** 만큼 움직이기

● 웨이 오브젝트를 클릭하여 선택한다.

● 엔트리봇이 말하는 시간(3초) 동안 기다려야 하므로 **2** 초 기다리기 를 연결하여 시간을 수정한다.

● 위의 엔트리봇과 같은 방법으로 이동 방향을 변경해가며 학교까지 도착하도록 블록을 조립한다.

창조하기

'축구공이 이동방향을 변경하며 멋지게 골대에 골인하는 장면'을 만들어 봅시다.

모양을 바꾸며 오브젝트를 움직이고, 신호를 보내고 받아 봅시다.

이번 장에서 배울 엔트리 주요 내용은?
☞ 오브젝트의 모양을 바꾸며 움직이기, 신호 이해하기 등

과제 확인하기

생각 다듬기

오브젝트의 모양 바꾸기

사람을 포함한 동물 등의 오브젝트가 같은 모양으로 이동하면, 부자연스럽고 어색함을 느끼게
되는 경우가 있다. 이런 경우에 오브젝트의 팔과 다리 모양을 바꿔주면서 이동하면 좀 더 자연
스러운 움직임을 표현할 수 있다.

[오브젝트의 모양 확인]

● 오브젝트를 클릭한 뒤 [모양] 탭을 확인하면 해당 오브젝트의 손
동작 또는 발동작이 조금씩 변화된 여러 가지 형태를 확인할 수
있다.

[오브젝트의 모양 추가]

● 모양 탭에서 '모양 추가'를 클릭하면 해당 오브젝트의 여
러 가지 변화된 모양을 얻을 수 있다.

● 사용자가 직접 오브젝트의 모습을 꾸며 새 모양으로 저
장할 수 있고, 외부의 이미지 파일을 불러와서 모양을 추
가할 수 있다.

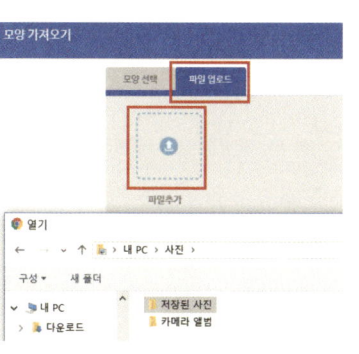

신호 보내고 받기

오브젝트 간의 신호 보내고, 받기를 활용하여 오브젝트들의 연속적인 활동을 손쉽게 구성할 수 있다. 신호는 주로 대화, 장면 전환, 점수 기록 등에 사용된다.

[오브젝트의 모양 확인]

- [속성] 탭에서 신호를 클릭하여 필요한 신호를 추가할 수 있다. 이 때 신호의 이름은 사용자가 쉽게 구분할 수 있는 이름으로 수정하도록 한다.
- [속성] 탭에서 신호를 추가하였으면 `시작 대상없음 신호 보내기` 의 블록에, `장면전환 신호 보내기` 와 같이 추가한 신호의 이름이 반영된다.

장면 추가하기

새로운 장면을 추가하여 이야기를 구성할 수 있다. 추가한 장면에서도 배경, 인물 등 각종 오브젝트를 추가하여 다양한 화면이 전환되는 이야기를 꾸밀 수 있다.

[오브젝트의 모양 확인]

- 제목 아래(실행화면 왼쪽 위)부분에 장면의 이름이 나타나 있다.
- 장면의 이름 오른쪽의 ⊕ 버튼을 클릭하면 새로운 장면을 추가할 수 있다.
- 장면의 이름 부분을 클릭하면 이름을 자유롭게 수정할 수 있다.

알고리즘 설계하기

오브젝트 추가(등장인물, 장애물, 학교건물 등), 오브젝트 크기, 위치 및 이름 지정

오브젝트 / 순서	웨이		엔트리봇		학교건물
1	처음 출발 위치 지정 x:-127, y:-90 위치로 이동하기		처음 출발 위치 지정 x:-170, y:-100 위치로 이동하기		
2	5번 반복 하기	이동 방향으로 10만큼 움직이기	5번 반복 하기	이동 방향으로 10만큼 움직이기	
		다음 모양으로 바꾸기		다음 모양으로 바꾸기	
		0.2초 기다리기		0.2초 기다리기	
3	'앗, 장애물이다. 피해 가자.'를 3초 동안 말하기		3초 기다리기		
4	3초 기다리기		'공사용 물건이 위험하게 놓여있네.'를 3초 동안 말하기		
5	이동 방향을 0°(으)로 정하기		이동 방향을 0°(으)로 정하기		
6	5번 반복 하기	이동 방향으로 10만큼 움직이기	5번 반복 하기	이동 방향으로 10만큼 움직이기	
		다음 모양으로 바꾸기		다음 모양으로 바꾸기	
		0.2초 기다리기		0.2초 기다리기	
7	이동 방향을 90°(으)로 정하기		이동 방향을 90°(으)로 정하기		
8	10번 반복 하기	이동 방향으로 10만큼 움직이기	10번 반복 하기	이동 방향으로 10만큼 움직이기	
		다음 모양으로 바꾸기		다음 모양으로 바꾸기	
		0.2초 기다리기		0.2초 기다리기	
9	1초 기다리기		1초 기다리기		
10	장면전환 신호보내기				
11					장면전환 신호받기
12					학교도착 시작하기
13	바가지소년_5 모양으로 바꾸기				
14	0.5초 기다리기				
15	'학교에 안전하게 도착했구나.'를 3초 동안 말하기		3.5초 기다리기		
16			'고마워. 덕분에 등굣길을 잘 알게 되었어.'를 3초 동안 말하기		

코딩하기

(Chapter 3의 제작 내용을 복사본으로 저장하여 활용하여도 된다.)

[오브젝트 추가(집, 학교, 공사용 물품, 병원 등)]

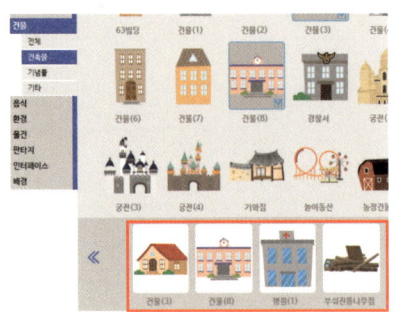

● '오브젝트 추가하기' 버튼을 클릭하여 '건물-건축물-건물(3), 건물(8), 병원(1)'과 '건물-기타-부숴진통나무집'을 찾아 선택 후, 오른쪽 아래 적용하기 버튼을 클릭한다.

[오브젝트 위치 설정]

● 상황에 알맞게 등장인물 오브젝트의 크기, 위치, 방향을 설정한다.

● 본 장에서는 각 오브젝트(특히 엔트리봇과 웨이, 부숴진 통나무집, 학교)의 위치에 따라 움직여야 하는 값의 크기가 달라지므로 이 점을 염두에 두도록 한다.

[장면 추가 및 오브젝트 설정]

● 학교 앞에 안전히 도착하여 새로운 장면에서 대화가 이어 지도록 장면을 추가한다.

● 추가된 장면의 오브젝트 크기, 위치 등을 알맞게 설정하도록 한다.

[웨이 오브젝트]

- 웨이 오브젝트를 클릭하여 선택한다.

- (움직임) x:0 y:0 위치로 이동하기 를 연결한 뒤 'x:-127, y:-90'으로 수정한다(웨이의 시작 지점 설정).

- 오브젝트가 이동할 때 모양을 바꾸며 이동하도록 (흐름) 10 번 반복하기 안쪽에 (움직임) 이동 방향으로 10 만큼 움직이기 와 (생김새) 다음 모양으로 바꾸기 를 연결한다. 움직임이 자연스럽게 변하도록 2 초 기다리기 를 연결하고 기다리는 시간을 '0.2'초로 수정한다.

- 반복 횟수와 이동방향으로 움직이는 양은 오브젝트 위치 및 크기에 따라 적당히 조절하도록 한다.

- (생김새) 안녕! 을(를) 4 초 동안 말하기 를 연결하여 말하는 내용과 시간을 수정한다.

[엔트리봇 오브젝트]

- 엔트리봇 오브젝트를 클릭하여 선택한다.

- (움직임) x:0 y:0 위치로 이동하기 를 연결한 뒤 'x:-170, y:-100'으로 수정한다(엔트리봇의 시작 지점 설정).

- 웨이의 블록과 같이 '반복하기' 블록을 이용하여 자연스럽게 이동하는 모습이 표현되도록 블록을 연결한다.

- 웨이가 말하는 시간(3초) 동안 기다려야 하므로 (흐름) 2 초 기다리기 를 연결하여 시간을 수정한다.

- (생김새) 안녕! 을(를) 4 초 동안 말하기 를 연결하여 대화 내용 및 시간을 수정한다.

[웨이 오브젝트]

```
3 초 기다리기
이동 방향을 0° (으)로 정하기
5 번 반복하기
  이동 방향으로 10 만큼 움직이기
  다음 모양으로 바꾸기
  0.2 초 기다리기
이동 방향을 90° (으)로 정하기
10 번 반복하기
  이동 방향으로 10 만큼 움직이기
  다음 모양으로 바꾸기
  0.2 초 기다리기
1 초 기다리기
장면전환 신호 보내기
```

- 웨이 오브젝트를 클릭하여 선택한다.

- 엔트리봇이 말하는 시간(3초) 동안 기다려야 하므로 [흐름 | 2 초 기다리기] 를 연결하여 시간을 수정한다.

- 장애물을 피해서 위쪽 방향으로 이동해야 하므로 [움직임 | 이동 방향을 90° (으)로 정하기] 를 연결하여 '0 '로 수정한다.

- 위쪽 방향으로 움직이다가 학교가 위치한 오른쪽 방향(90°)으로 방향을 바꿔야 하므로 [움직임 | 이동 방향을 90° (으)로 정하기] 를 연결한다.

- 학교에 도착하면 잠시 멈추었다가 '장면전환' 신호를 보내도록 [흐름 | 2 초 기다리기] 를 '1초'로 수정하고 [시작 | 장면전환 신호 보내기] 를 연결한다.

[엔트리봇 오브젝트]

```
이동 방향을 0° (으)로 정하기
5 번 반복하기
  이동 방향으로 10 만큼 움직이기
  다음 모양으로 바꾸기
  0.2 초 기다리기
이동 방향을 90° (으)로 정하기
10 번 반복하기
  이동 방향으로 10 만큼 움직이기
  다음 모양으로 바꾸기
  0.2 초 기다리기
1 초 기다리기
```

- 엔트리봇 오브젝트를 클릭하여 선택한다.

- 웨이의 블록과 같이 이동 방향을 바꿔가며 장애물을 피해 가도록 블록을 연결한다.

- 웨이의 블록과 같은 블록을 엔트리봇에 적용하고 싶을 때에는 웨이의 블록 중 복사하고 싶은 블록 가장 윗부분 위치에서 마우스 오른쪽 버튼을 눌러 복사하고, 엔트리봇 오브젝트의 블록 조립소 화면에 가서 붙여넣기를 하면 된다.

[학교건물 오브젝트]

- 학교 건물 오브젝트를 클릭하여 선택한다.

- 웨이가 보낸 신호를 받으면 새로운 장면(학교도착 장면)이 시작되도록 [시작 | 장면전환 신호를 받았을 때] 를 가져오고 [학교도착 시작하기] 를 연결한다.

[웨이 오브젝트]

- '학교도착' 장면을 클릭한다.

- 웨이 오브젝트를 클릭하여 선택한다.

- 장면이 시작되면 웨이가 엔트리봇을 바라보는 모양으로 바뀌도록 한다([모양] 탭에서 좌우 회전을 시킨 뒤 '새 모양으로 저장').

- 엔트리봇을 바라본 후에 이야기를 하도록 ▲를 연결하여 시간을 0.5초로 수정한다.

- ▲ 를 연결하여 대화 내용 및 시간을 3초로 수정한다.

[엔트리봇 오브젝트]

- '학교도착' 장면에서 엔트리봇 오브젝트를 클릭하여 선택한다.

- 웨이가 말하는 시간(3초) 동안 기다려야 하므로 ▲ 를 연결하여 시간을 3.5초로 수정한다.

- ▲ 를 연결하여 대화 내용을 "고마워. 덕분에 등굣길을 잘 알게 되었어."로 하고 시간을 3초로 수정한다.

창조하기

'운동장에서 걷다가 돌에 걸려 넘어지는 모습'을 표현하고, '장면이 바뀌어 병원으로 가는 장면'을 만들어 봅시다.

오브젝트의 색깔을 바꾸고, 소리를 내보내 봅시다.

이번 장에서 배울 엔트리 주요 내용은?
👉 오브젝트의 색깔을 바꾸어 표현하기, 소리 내보내기 등

과제 확인하기

오늘 친구들에게 엔트리봇을 소개할 거야.

엔트리봇, 기분이 어때?

부끄러워하는 모습을 어떻게 표현하고, 박수소리는 어떻게 내보낼 수 있을까요?

몰라, 부끄러울 것 같아.

하하, 엔트리봇도 부끄러움을 타는구나.

오브젝트 색깔효과 주기

색깔효과를 통해 오브젝트에게 일정한 색을 지정하거나 조금씩 변화하는 색의 효과를 적용할 수 있다.

색깔효과 90   색깔효과 40   색깔효과 0

- 생김새 「색깔 효과를 10 만큼 주기 ♻」에서 효과를 적용하고 싶은 만큼의 수를 입력하여 오브젝트 색깔효과를 줄 수 있다. 주로 반복 블록과 함께 사용하여 일정하게 변화되는 색깔효과를 표현하는데 사용된다.

- 생김새 「색깔 효과를 100 (으)로 정하기 ♻」는 오브젝트의 색깔을 특정 색으로 지정할 때 사용한다.

하나 더!

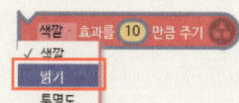

▶ 색깔효과에 대한 블록은 오브젝트의 색깔, 밝기, 투명도에 대한 효과도 적용할 수 있다. 블록의 색깔 부분을 클릭하면 선택창이 나오고 이 중에서 원하는 효과를 선택하도록 한다.

오브젝트 크기를 정하고 바꾸기

오브젝트의 크기에 관련된 블록을 활용하여 오브젝트의 일정한 크기를 정하거나, 크게 또는 작게 변하는 크기의 변화 효과를 적용할 수 있다.

크기 90   크기 40   크기 0

- 생김새 「크기를 10 만큼 바꾸기 ♻」에서 원하는 크기 값을 입력하여 크기 변화의 효과를 줄 수 있다.

- 생김새 「크기를 100 (으)로 정하기 ♻」는 오브젝트를 특정 크기로 정할 때 사용한다.

효과 모두 지우기, 모양 숨기기(보이기)

각 오브젝트에게 적용되었던 효과를 모두 지우거나, 오브젝트의 모양을 숨기거나 보이도록 할 수 있다.

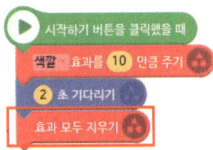
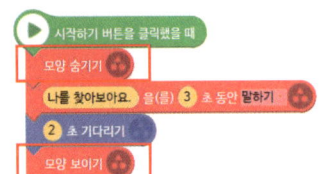

- 왼쪽의 예시와 같이 코딩을 하였을 때 어떻게 될지 생각해보자.

- 오브젝트의 색깔이 10만큼 바뀌었다가 2초 후에 바뀐 효과가 모두 지워지게 된다.

- 시작할 때에는 오브젝트의 모양이 보이지 않은 상태로 "나를 찾아보아요."라는 말이 나타나고, 2초 후에 오브젝트의 모양이 보이게 된다.

알고리즘 설계하기

오브젝트 추가, 오브젝트 크기 및 위치 지정

오브젝트 순서	웨이	소피	엔트리봇	운동소년	육상선수	왼쪽볼	오른쪽볼
1	좌우 모양 뒤집기		좌우 모양 뒤집기				효과 모두 지우기
2	x:230, y:-52 위치로 이동하기						모양 숨기기
3.1	3초 동안		x 좌표를 -30 만큼 바꾸기				
3.2	x:-110, y:-82	x:44, y:-82	3번 반복하기 엔트리봇_걷기1 모양으로 바꾸기	3초 기다리기	3초 기다리기		
3.3			0.5초 기다리기				
3.4			x 좌표를 -30 만큼 바꾸기				
3.5	위치로 이동하기		엔트리봇_걷기2 모양으로 바꾸기				
3.6			0.5초 기다리기				

순서 \ 오브젝트	웨이	소피	엔트리봇	운동소년	육상선수	왼쪽볼	오른쪽볼
4			x:-32, y:-52 위치로 이동하기				
5	'애들아, 안녕!'을 3초 동안 말하기		새그림 모양으로 바꾸기	3초 기다리기	3초 기다리기		
6	3초 기다리기			'안녕, 웨이!'를 3초 동안 말하기	'안녕, 소피야!'를 3초 동안 말하기		
7	3초 기다리기			3초 기다리기	'같이 온 아이는 누구니?'를 3초 동안 말하기		
8	3초 기다리기	'나와 웨이를 사고로부터 지켜 준 엔트리봇이야.'를 3초 동안 말하기		3초 기다리기	3초 기다리기		
9	3초 기다리기			'너희를 위기에서 구하다니 정말 멋지고 용감 하다!'를 3초 동안 말하기	3초 기다리기		
10	'정말 멋지지?우리 엔트리봇에게 박수를 쳐주자.'를 3초 동안 말하기	3초 기다리기		3초 기다리기	3초 기다리기		
11	박수 신호보 내기						
12				박수 신호 받기		박수 신호 받기	
13				소리(박수) 4초 재생하기	소리(박수갈채) 재생하기	모양 보이기	
14						크기를 10으로 정하기	
15						20번 반복하기	색깔 효과를 10만큼 주기
16							크기를 1만큼 바꾸기 / 0.3초 기다리기

코딩하기

[오브젝트 추가(교실, 운동소년, 육상선수, 새 오브젝트 등)]

● '사람-운동소년', '사람-육상선수', '배경-실내-교실'을 찾아 적용한다.

● 친구들이 환영해줄 때, 엔트리봇이 쑥스러워서 볼이 빨갛게 상기되는 모습을 나타내기 위해 동그라미 도형을 그려서 새 오브젝트로 추가해준다(오브젝트 추가-새로 그리기-이동하기).

● 양쪽 볼에 같은 효과를 주기 위해 완성된 원 모양의 오브젝트를 복제하여 2개를 만든다.

● 엔트리봇이 정면을 바라보고 있는 모습을 만들기 위해서는 엔트리봇 오브젝트의 모양 추가를 선택한다.

● 정면을 바라보는 엔트리봇이 앞쪽 책상에 자연스럽게 서 있는 모습을 나타내기 위해 '자르기' 도구를 선택하여 다리 부분을 잘라낸 뒤 지우개로 삭제하도록 한다.

● 엔트리봇의 상체만 남게 되었을 때 '파일-새 모양으로 저장'을 선택하여 오브젝트에 추가한다.

▶ [모양] 탭에서 새로 그림을 그릴 수 있는 화면이 생기고, 왼쪽 그리기 도구 들 중에서 '원'을 선택한다.

▶ 아래쪽에 있는 색상표에서 원의 색깔과 테두리 색을 지정한 뒤 마우스 왼쪽 버튼을 누른 상태에서 원을 그린다.

▶ 원, 직사각형 등 도형을 그릴 때 키보드의 [Shift] 키를 누른 상태에서 마우스로 그리면 모양이 반듯한 도형을 그릴 수 있다.

▶ 원이 완성되면 '파일-새 모양으로 저장'을 선택하여 오브젝트에 추가한다.

[오브젝트 위치 설정]

● 상황 및 내용에 알맞게 등장인물 오브젝트의 크기, 위치, 방향을 설정한다.

[웨이 오브젝트]

● 웨이가 교실 오른쪽에서 왼쪽으로 입장을 하게 되는데 웨이 오브젝트의 모습이 우측을 바라보고 있으므로 [생김새] [좌우 모양 뒤집기] 를 연결하여 좌우 모양을 뒤집어 준다.

● 처음 시작 위치를 지정해주고, 웨이가 이야기를 전개할 위치로 3초 동안 이동하도록 한다.

● 정해진 위치에 도착하면 다시 [생김새] [좌우 모양 뒤집기] 를 연결하여 오른쪽으로 바라보도록 하고 친구들에게 인사를 건네도록 한다.

[소피 오브젝트]

```
시작하기 버튼을 클릭했을 때
x: 230 y: -82 위치로 이동하기
3 초 동안 x: 44 y: -82 위치로 이동하기
애들아, 안녕! 을(를) 3 초 동안 말하기
```

● 웨이와 마찬가지로 처음 시작 위치를 지정해주고, 소피가 이 야기를 전개할 위치로 3초 동안 이동하도록 한다.

● 정해진 위치에 도착하면 친구들에게 인사를 건네도록 한다.

[엔트리봇 오브젝트]

```
시작하기 버튼을 클릭했을 때
좌우 모양 뒤집기
x: 230 y: -52 위치로 이동하기
3 번 반복하기
  x 좌표를 -30 만큼 바꾸기
  엔트리봇_걷기1 모양으로 바꾸기
  0.5 초 기다리기
  x 좌표를 -30 만큼 바꾸기
  엔트리봇_걷기2 모양으로 바꾸기
  0.5 초 기다리기
x: -32 y: -52 위치로 이동하기
새그림 모양으로 바꾸기
```

● 엔트리봇도 교실 오른쪽에서 왼쪽으로 입장을 하게 되는데 엔트리봇 오브젝트의 모습이 우측을 바라보고 있으므로 [생김새] [좌우 모양 뒤집기]를 연결하여 좌우 모양을 뒤집어 준다.

● 처음 시작 위치를 지정해주고, 엔트리봇이 이야기를 전개할 위치로 이동하도록 한다. 이때 엔트리봇의 모양을 바꾸며 자연스럽게 걷는 동작을 표현해보도록 한다.

● 정해진 위치에 도착하면 엔트리봇은 정면을 바라봐야 하므로 [생김새] [새그림 모양으로 바꾸기]를 연결하여 정면을 바라보도록 한다.

[운동소년 오브젝트]

```
시작하기 버튼을 클릭했을 때
6 초 기다리기
안녕~웨이! 을(를) 3 초 동안 말하기
```

● 웨이, 소피, 엔트리봇이 움직이고 말하는 시간 동안 기다려야 하므로 [흐름] [2 초 기다리기]를 연결하여 시간을 '6초'로 수정한다.

● [생김새] [안녕! 을(를) 4 초 동안 말하기]를 연결하여 웨이에게 인사를 건네도록 한다.

[육상선수 오브젝트]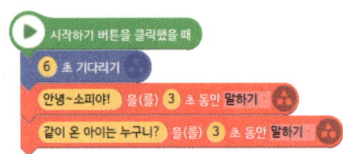

```
시작하기 버튼을 클릭했을 때
6 초 기다리기
안녕~소피야! 을(를) 3 초 동안 말하기
같이 온 아이는 누구니? 을(를) 3 초 동안 말하기
```

● 웨이, 소피, 엔트리봇이 움직이고 말하는 시간 동안 기다려야 하므로 [흐름] [2 초 기다리기]를 연결하여 시간을 '6초'로 수정한다.

● [생김새] [안녕! 을(를) 4 초 동안 말하기]를 2개 연결하여 소피에게 인사를 건네고, 엔트리봇에 대해 물어보는 말을 연결한다.

[소피 오브젝트]

```
시작하기 버튼을 클릭했을 때
x: 230 y: -82 위치로 이동하기
3 초 동안 x: 44 y: -82 위치로 이동하기
얘들아, 안녕! 을(를) 3 초 동안 말하기
6 초 기다리기
나와 웨이를 사고로부터 지켜 준 엔... 을(를) 3 초 동안 말하기
```

● 친구들이 말하는 시간 동안 기다려야 하므로 [흐름 2 초 기다리기] 를 연결하여 시간을 '6초'로 수정한다.

● [생김새 안녕! 을(를) 4 초 동안 말하기] 를 연결하여 대화 내용을 "나와 웨이를 사고로부터 지켜 준 엔트리봇이야."로 하고 시간을 수정한다.

[운동소년 오브젝트]

```
시작하기 버튼을 클릭했을 때
6 초 기다리기
안녕~웨이! 을(를) 3 초 동안 말하기
6 초 기다리기
너희를 위기에서 구하다니 정말 멋지... 을(를) 3 초 동안 말하기
```

● 친구들이 말하는 시간 동안 기다려야 하므로 [흐름 2 초 기다리기] 를 연결하여 시간을 '6초'로 수정한다.

● [생김새 안녕! 을(를) 4 초 동안 말하기] 를 연결하여 대화 내용을 "너희를 위기에서 구하다니 정말 멋지고 용감하다!"로 하고 시간을 수정한다.

[웨이 오브젝트]

```
시작하기 버튼을 클릭했을 때
좌우 모양 뒤집기
x: 230 y: -82 위치로 이동하기
3 초 동안 x: -110 y: -82 위치로 이동하기
좌우 모양 뒤집기
얘들아, 안녕! 을(를) 3 초 동안 말하기
12 초 기다리기
정말 멋지지? 우리 엔트리봇에게 박수... 을(를) 3 초 동안 말하기
박수 신호 보내기
```

● 친구들이 말하는 시간 동안 기다려야 하므로 [흐름 2 초 기다리기] 를 연결하여 시간을 '12초'로 수정한다.

● [생김새 안녕! 을(를) 4 초 동안 말하기] 를 연결하여 대화 내용을 "정말 멋지지? 우리 엔트리봇에게 박수를 쳐주자."로 하고 시간을 수정한다.

● [시작 박수 신호 보내기] 를 연결하여 신호를 보내도록 한다.

[운동소년 오브젝트]

```
박수 신호를 받았을 때
소리 박수 4 초 재생하기
```

● 웨이가 보낸 박수 신호를 받으면 '박수' 소리를 재생하도록 [소리 박수 1 초 재생하기] 를 연결하여 '4초'로 재생시간을 수정한다.

[육상선수 오브젝트]

```
박수 신호를 받았을 때
소리 박수갈채 재생하기
```

● 웨이가 보낸 박수 신호를 받으면 '박수갈채' 소리를 재생하도록 [소리 박수갈채 재생하기] 를 연결한다.

하나 더!

▶ [소리] 탭에서 '소리 추가'를 선택하면 소리에 관련된 오브젝트를 추가할 수 있다.

▶ 오른쪽 위에 있는 검색 상자에 '박수'라고 입력하면 '박수'라는 이름을 가진 소리 오브젝트들을 찾을 수 있고 이 중에서 필요한 오브젝트를 추가한다.

▶ 소리 오브젝트가 추가되면 [소리] 탭에서 추가된 소리 오브젝트들을 확인할 수 있다.

[새 오브젝트(왼쪽볼, 오른쪽볼)]

● 처음 엔트리봇이 입장할 때부터 친구들에게 박수를 받을 때까지 부끄러워하는 모습을 보이면 안 되므로, 효과를 지우고 모양을 숨기도록 한다.

● 웨이의 박수 신호를 친구들이 받아, 엔트리봇에게 박수와 박수갈채를 줄 때 양쪽 볼의 모습이 보이도록 '모양 보이기'를 연결한다.

● 볼의 크기를 지정하고, 박수를 받으면서 색깔이 변하고 크기가 조금씩 커지도록 블록을 연결한다.

● 이와 같이 한 오브젝트에 둘 이상의 코드를 연결하여 실행할 수 있다.

창조하기

'차가운 바람이 불어와 양쪽 볼을 스치고 지나갈 때, 볼이 빨갛게 변하는 장면'을 만들고, 바람이 불 때 '효과음(바람 부는 소리)을 추가하여 생동감 있는 장면'을 만들어 봅시다.

Chapter 6 즐거운 미술 시간! 점묘화를 배워요.

키보드를 활용하여 오브젝트를 움직이고, 도장을 찍어봅시다.

이번 장에서 배울 엔트리 주요 내용은?
☞ 키보드를 활용하여 오브젝트 움직이기, 오브젝트의 도장 찍기 등

과제 확인하기

생각 다듬기

키보드를 이용하여 오브젝트 조작하기

컴퓨터 게임에서 상·하·좌·우 방향키를 활용하여 캐릭터를 움직이거나 조작해본 경험이 있을 것이다. 엔트리에서도 키보드의 숫자, 알파벳, 방향키 등 다양한 키를 활용하여 오브젝트를 조작할 수 있다.

[키보드 입력을 위한 블록 만들기]

● 시작 (q)키를 눌렀을 때 에서 블록의 'q' 부분을 클릭한 뒤, 키보드에서 사용을 원하는 '키'를 누르면 그 '키'가 입력된다.

[활용 방법의 예]

● 어떤 오브젝트에 왼쪽과 같이 코딩을 하였다면 키보드의 방향키를 사용하여 오브젝트를 왼쪽, 오른쪽, 위, 아래 방향으로 이동시킬 수 있다.

오브젝트 도장 찍기(붓 카테고리)

하나의 도장으로 이곳, 저곳에 찍어 같은 모양을 만들어 내는 것처럼, 엔트리에서도 도장 찍기를 이용하면 오브젝트와 같은 모양의 그림을 손쉽게 만들어 낼 수 있다.

● 붓 도장찍기 블록을 이용하면 해당 오브젝트와 같은 모양의 그림을 도장을 찍듯이 만들어 낼 수 있다.

● 왼쪽과 같이 블록을 연결하였다면 키보드의 [Space Bar] 키를 누를 때마다 오브젝트와 같은 그림을 찍어내게 된다.

오브젝트 추가(배경, 나무), 오브젝트 크기 및 위치 지정

오브젝트 / 순서	나무					
	키보드 방향키로 나무 오브젝트를 움직이고, 스페이스 키를 누르면 도장을 찍으며 다음 차례에 나타날 나무의 색깔이 바뀌도록 코딩한다. 숫자 1키나 시작하기 버튼을 클릭하면 모든 붓 지우기 효과를 주도록 한다.					
1	시작하기					
2	모든 붓 지우기					
3	←	→	↑	↓	Space Bar	1
4	x 좌표를 -10 만큼 바꾸기	x 좌표를 10 만큼 바꾸기	y 좌표를 10 만큼 바꾸기	y 좌표를 -10 만큼 바꾸기	도장 찍기	모든 붓 지우기
5					색깔 효과를 10 만큼 주기	

코딩하기

[오브젝트 추가(사막 배경, 나무)]

사막(1)   나무(3)

● '오브젝트 추가하기' 버튼을 클릭하여 '배경-자연-사막(1)'과 '식물-나무-나무(3)'을 찾아 선택 후, 오른쪽 아래 적용하기 버튼을 클릭한다.

[오브젝트 위치 설정]

● 황량한 사막에 소중한 나무 한그루 씩을 심을 수 있도록 나무 오브젝트의 크기를 적당히 조절하여 위치시킨다.

[시작 방법 설정]

● 코드가 시작하면 나무가 한그루 만 있는 처음 설정한 장면대로 시작해야 하므로 를 가져와 연결한다.

[나무 오브젝트의 방향키 설정]

● 오브젝트가 키보드의 상·하·좌·우 방향키(↑↓←→)를 활용해 움직이도록 x 좌표와 y 좌표의 값을 바꿔주는 블록을 연결한다.

[그 외의 기능키 설정]

● Space Bar 를 누르면 도장을 찍도록 🖌 도장찍기 🖊 를 연결하고 색깔 효과를 10씩 주도록 색깔 효과를 10 만큼 주기 를 연결한다.

● ⒈ 키를 누르면 모든 붓(도장을 찍은 나무들)이 지워지도록 🖌 모든 붓 지우기 🖊 를 연결한다.

실행 및 점검하기

'수풀이 무성한 초원에 알록달록 예쁜 색깔의 단풍잎이 달린 단풍나무의 모습'을 만들고, 이때 '키보드로 단풍잎 오브젝트를 이동하며 도장 찍기와 색깔효과'를 적용하여 단풍나무를 꾸며봅시다.

Chapter 7 즐거운 미술 시간! 엔트리봇과 함께 그림을 그려요.

마우스를 활용하여 오브젝트를 움직이고,
붓의 굵기를 조절하며 그림을 그려봅시다.

이번 장에서 배울 엔트리 주요 내용은?

👉 마우스를 활용하여 오브젝트 움직이기, 붓의 굵기를 조절하며 그리기, 붓의 색을 무작위로 정하기 등

과제 확인하기

생각 다듬기

마우스를 이용하여 오브젝트 조작하기

마우스포인터가 위치한 곳에 오브젝트가 항상 위치하도록 하거나, 마우스 버튼을 클릭 및 클릭 해제 시에 의도한 활동이 일어나도록 할 수 있다.

[마우스 포인터 위치로 이동하기]

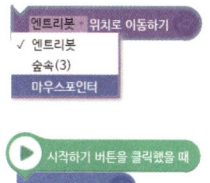

● 움직임 엔트리봇 위치로 이동하기 를 가져와 '엔트리봇'의 글상자를 클릭하면 다른 오브젝트들 및 마우스포인터를 선택할 수 있는 창이 열린다. 이때 '마우스포인터'를 선택하도록 한다.

● 시작을 하였을 때 오브젝트가 계속해서 마우스포인터의 위치로 오게 하려면 '계속 반복하기' 블록 안에 넣어 연결하도록 한다.

[마우스 클릭 및 클릭 해제]

● 시작 마우스를 클릭했을 때 와 시작 마우스 클릭을 해제했을 때 를 이용하여 마우스 버튼 클릭 (해제)에 따른 효과를 적용할 수 있다.

붓의 굵기 및 색 조절

붓을 이용하여 그림을 그릴 때에 붓의 굵기, 붓의 색, 붓의 투명도 등을 지정 및 변경할 수 있다.

[그리기 시작하기, 그리기 멈추기]

● 붓 그리기 시작하기 와 붓 그리기 멈추기 를 이용하여 그리기의 시작과 멈춤을 설정할 수 있다.

[붓의 굵기 변경 및 지정]

`붓의 굵기를 1 만큼 바꾸기`

`붓의 굵기를 1 (으)로 정하기`

● 붓의 굵기에 변화를 주거나 붓의 굵기를 원하는 값으로 정하여 그릴 수 있다.

[붓의 색 지정]

`붓의 색을 ■ (으)로 정하기`

`붓의 색을 무작위로 정하기`

● 붓의 색을 원하는 색 또는 무작위로 정하여 그릴 수 있다.

[붓의 투명도 지정]

`붓의 투명도를 10 % 만큼 바꾸기`

`붓의 투명도를 50 % 로 정하기`

● 붓의 투명도에 변화를 주거나 붓의 투명도를 원하는 값으로 정하여 그릴 수 있다.

알고리즘 설계하기

오브젝트 추가(엔트리봇, 숲속 배경), 오브젝트 크기 및 위치 지정

오브젝트 / 순서	엔트리봇				
	시작하기 버튼을 클릭하면 모든 붓을 지우고, 오브젝트를 마우스포인터의 위치로 이동시키며 붓의 색을 무작위로 정하도록 한다. 마우스를 클릭하면 그림을 그리고, 마우스 클릭을 해제하면 그리기를 멈추도록 한다. 숫자 ①키를 누르면 붓의 굵기가 굵어지도록, 숫자 ②키를 누르면 붓의 굵기가 얇아지도록 하며, 숫자 ③키를 누르면 모든 그림이 지워지도록 한다				
1.1			시작하기		
1.2			모든 붓 지우기		
1.3		계속 반복하기	마우스포인터 위치로 이동하기		
1.4			붓의 색을 무작위로 정하기		
2	마우스를 클릭했을 때	마우스 클릭을 해제했을 때	①	②	③
3	그리기 시작하기	그리기 멈추기	붓의 굵기를 1만큼 바꾸기	붓의 굵기를 -1만큼 바꾸기	모든 붓 지우기

코딩하기

[오브젝트 추가(엔트리봇, 숲속 배경)]

엔트리봇   숲속(3)

● '오브젝트 추가하기' 버튼을 클릭하여 '배경-자연-숲속(3)'
을 찾아 선택 후, 오른쪽 아래 적용하기 버튼을 클릭한다.

[오브젝트 위치 및 크기 설정]

● 아름다운 자연에 살고 있는 여러 동물과 식물들을 그
릴 수 있도록 엔트리봇 오브젝트의 크기를 적당히 조
절하여 위치시킨다.

[시작 방법 설정]

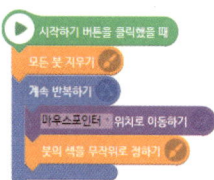

● 코드가 시작되면 처음 상태로 만들어야 하므로 모든 붓을 지워준다.

● 계속해서 오브젝트를 마우스포인터 위치로 이동시켜야 하고, 붓
의 색을 무작위로 바꿔줘야 하므로 '계속 반복하기' 블록의 안쪽에
마우스포인터 위치로 이동하기 와 붓의 색을 무작위로 정하기 를 넣고 연결한다.

[마우스 설정]

● 마우스를 클릭하면 그리기를 시작하고, 마우스 클릭을 해제하면 그리
기가 멈추도록 블록을 연결한다.

● 숫자 1 키를 누르면 붓의 굵기가 1씩 굵어지도록 를 연결하고

● 숫자 2 키를 누르면 붓의 굵기가 1씩 얇아지도록 를 연결한다.

● 숫자 3 키를 누르면 모든 붓이 지워지도록 한다.

실행 및 점검하기

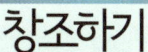

창조하기

색과 투명도를 조절하여 마우스로 그림을 그려 봅시다.

Chapter 8 행복한 음악 시간! 함께 연주해요.

오브젝트를 클릭하여 악기를 연주해 봅시다.

이번 장에서 배울 엔트리 주요 내용은?
☞ 오브젝트를 클릭하여 소리 내기, 특정 악기의 음계 소리 내기 등

과제 확인하기

오브젝트를 클릭(클릭 해제)할 때의 효과 적용하기

오브젝트를 클릭(클릭 해제)할 때의 효과 적용을 통해 사용자가 원하는 이야기를 구성할 수 있다. 주로 소리를 재생하거나 신호 보내기, 움직임 및 생김새의 변화 등을 적용할 때 사용한다.

- 카테고리에서 오브젝트 클릭 및 클릭 해제에 관련된 블록을 가져와 활용할 수 있다.

다양한 소리(자연, 사물, 악기 등) 재생하기

엔트리에서는 기본적으로 여러 종류의 소리를 제공하고 있으며, 외부의 소리 파일을 불러와 활용할 수 있는 환경이 마련되어 있다. 사용자는 상황에 적절한 소리를 재생하여 좀 더 생동감 넘치는 이야기를 구성할 수 있다.

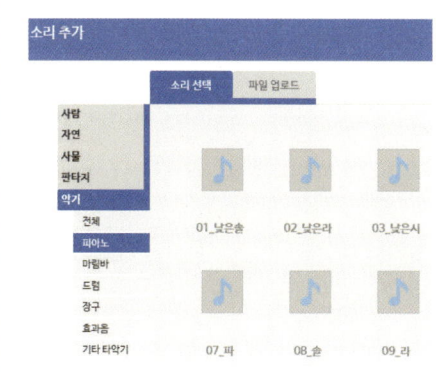

- 동물 울음소리·바람소리 등 자연에서 얻을 수 있는 소리와 비행기 이륙소리·자동차 경적소리·종소리 등 사물에서 얻을 수 있는 소리, 전자신호음과 같은 판타지 소리, 피아노·드럼·장구 등의 악기 소리 등을 제공한다.

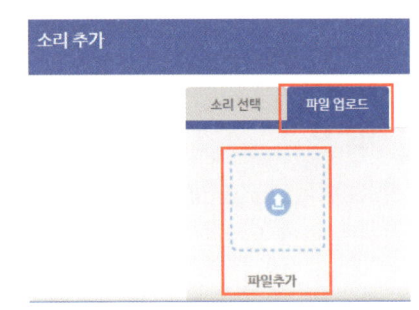

● [소리] 탭에서 '소리 추가'를 클릭한 뒤 '파일 업로드'를 선택하면, 사용자가 가지고 있는 소리 파일을 추가하여 이를 엔트리에서 재생할 수 있다.

알고리즘 설계하기

오브젝트 추가(배경, 등장인물), 오브젝트 크기 및 위치 지정

오브젝트 순서	안경쓴학생(1)	웨이	팔벌려 뛰는 아이	엔트리봇	뛰어노는 아이	소피	육상선수 (1)	안경쓴 학생 (2)
1	시작하기							
2	'가온 도'를 말하기	'레'를 말하기	'미'를 말하기	'파'를 말하기	'솔'을 말하기	'라'를 말하기	'시'를 말하기	'높은 도'를 말하기
3	오브젝트를 클릭했을 때							
4	'파아노_04도' 1초 재생하기	'피아노_05레' 1초 재생하기	'피아노_06미' 1초 재생하기	'피아노_07파' 1초 재생하기	'피아노_08솔' 1초 재생하기	'피아노_09라' 1초 재생하기	'피아노_10시' 1초 재생하기	'피아노_11 높은 도' 1초 재생하기

코딩하기

[오브젝트 추가(배경, 학급 친구들 등)]

- 교실에 어울리는 배경 오브젝트와 엔트리봇과 웨이, 소피 외의 학급 친구들 오브젝트를 추가한다.
- '오브젝트 추가하기' 버튼을 클릭하여 '사람-안경쓴 학생(1), 안경쓴 학생(2), 팔벌려 뛰는 아이, 뛰어노는아이, 육상선수(1)'와 '배경-실내-학교 배경'을 찾아 선택 후, 오른쪽 아래 적용하기 버튼을 클릭한다.

[오브젝트 크기 및 위치 설정]

- 피아노 건반 및 다장조 음계에 맞게 오브젝트의 크기, 위치를 설정한다.
- '가온 도'에서 '높은 도'까지 8음계를 연주할 수 있도록 오브젝트 간의 간격을 조절한다.

[시작 방법 설정]

 안경쓴 학생(1)

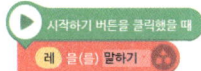 웨이

 안경쓴 학생(2)

- 코드가 시작될 때 각 오브젝트들이 자신이 연주할 계이름을 말하도록 한다.
- 가장 왼쪽에 위치한 '안경쓴 학생(1)'부터 '가온 도'를 말하고 오른쪽에 있는 '웨이'는 '레'를 말하도록 한다. 이와 같은 방법으로 가장 오른쪽의 '안경쓴 학생(2)'이 '높은 도'를 말하도록 한다.

[안경쓴 학생(1) 오브젝트]

- [소리] 탭에서 '소리 추가'를 선택하고 '악기-피아노-피아노_04도'를 선택하여 적용한다.
- 시작 오브젝트를 클릭했을 때 를 가져오고 소리 피아노_04도 1 초 재생하기 를 연결한다.
- 이와 같은 방법으로 각 오브젝트 별로 재생하려는 피아노 소리를 추가하고, 오브젝트를 클릭했을 때 해당 음이 재생되도록 한다.

오브젝트를 클릭했을 때
소리 피아노_04도 1 초 재생하기

[웨이 오브젝트]

시작하기 버튼을 클릭했을 때
레 을(를) 말하기

오브젝트를 클릭했을 때
소리 피아노_05레 1 초 재생하기

[팔벌려 뛰는 아이 오브젝트]

시작하기 버튼을 클릭했을 때
미 을(를) 말하기

오브젝트를 클릭했을 때
소리 피아노_06미 1 초 재생하기

[엔트리봇 오브젝트]

시작하기 버튼을 클릭했을 때
파 을(를) 말하기

오브젝트를 클릭했을 때
소리 피아노_07파 1 초 재생하기

[뛰어노는아이 오브젝트]

시작하기 버튼을 클릭했을 때
솔 을(를) 말하기

오브젝트를 클릭했을 때
소리 피아노_08솔 1 초 재생하기

[소피 오브젝트]

시작하기 버튼을 클릭했을 때
라 을(를) 말하기

오브젝트를 클릭했을 때
소리 피아노_09라 1 초 재생하기

[육상선수(1) 오브젝트]

시작하기 버튼을 클릭했을 때
시 을(를) 말하기

오브젝트를 클릭했을 때
소리 피아노_10시 1 초 재생하기

[안경쓴 학생(2) 오브젝트]

```
▶ 시작하기 버튼을 클릭했을 때
  높은 도 을(를) 말하기

🖱 오브젝트를 클릭했을 때
  소리 피아노_11높은도 ▼  1 초 재생하기 🔊
```

[시작하기]

● 알고리즘에서 설계한 것이 바르게 코딩이 되었는지 실행 화면 아래의 '시작하기' 버튼을 클릭하여 확인하여 본다.

● 오브젝트의 위치 및 크기 때문에 계이름이 가려지지는 않았는지, 오브젝트를 클릭했을 때 맡은 소리가 알맞게 재생되는지를 확인하고 이상이 있을 경우 코드를 수정하도록 한다.

각각의 오브젝트를 클릭하면 서로 다른 악기 소리가 나
도록 만들어 봅시다.

행복한 음악 시간!
연주에 맞추어 춤을 춰요.

악기 연주에 맞추어 춤추는 오브젝트를 만들어 봅시다.

이번 장에서 배울 엔트리 주요 내용은?

☞ 악기 연주에 맞추어 오브젝트의 위치, 모양 바꾸기

과제 확인하기

생각 다듬기

연주 소리에 맞추어 위치와 모양 바꾸기

소리, 움직임, 생김새, 흐름 카테고리의 블록들을 연결하여, 피아노 소리를 재생하며 위치와 모양을 바꾸었다가 다시 원래 자리 및 모양으로 돌아오는 모습을 구성할 수 있다.

[오브젝트의 소리 재생]

● '8장'에서와 같이 오브젝트별로 <small>오브젝트를 클릭했을 때</small> 에 <small>소리 피아노_04도 ▼ 1 초 재생하기</small> 를 연결하여 각 오브젝트를 클릭하면 해당 오브젝트가 맡은 음을 재생하도록 한다.

[오브젝트의 위치와 모양 바꾸기]

● 연주 소리에 맞추어 위쪽으로 뛰었다가 잠시 후 원래 자리로 돌아오기 위해 <small>움직임</small> <small>y 좌표를 10 만큼 바꾸기</small> 를 이용하여 y 좌표를 '100'으로 수정하였다가 '0.5'초 기다린 후에 y 좌표를 '-100'으로 바꿔준다.

● 오브젝트가 위쪽으로 뛸 때 모양을 다른 모양으로 바꾸고, 다시 제자리로 돌아왔을 때에 원래의 모양으로 돌아오도록 한다 (예를 들면 '안경쓴 학생(1)_2' 모양으로 바꾸었다가 다시 '안경쓴 학생(1)_1' 모양으로 바꾸기).

알고리즘 설계하기

오브젝트 추가(배경, 등장인물), 오브젝트 크기 및 위치 지정

오브젝트 / 순서	안경쓴 학생(1)	웨이	팔벌려 뛰는 아이	엔트리봇	뛰어노는 아이	소피	육상선수(1)	안경쓴 학생(2)
1	시작하기							
2	'가온 도'를 말하기	'레'를 말하기	'미'를 말하기	'파'를 말하기	'솔'을 말하기	'라'를 말하기	'시'를 말하기	'높은 도'를 말하기
3	오브젝트를 클릭했을 때							
4	'피아노_04도' 1초 재생하기	'피아노_05레' 1초 재생하기	'피아노_06미' 1초 재생하기	'피아노_07파' 1초 재생하기	'피아노_08솔' 1초 재생하기	'피아노_09라' 1초 재생하기	'피아노_10시' 1초 재생하기	'피아노_11높은 도' 1초 재생하기
5	y 좌표를 100 만큼 바꾸기(위로 뛰기)							
6	오브젝트의 다른 모양으로 바꾸기							
7	0.5초 기다리기							
8	y 좌표를 -100 만큼 바꾸기(원래 자리로 돌아오기)							
9	오브젝트의 원래 모양으로 바꾸기							

코딩하기

[오브젝트 추가(배경, 학급 친구들 등) - 시작 방법 설정까지는 8장과 동일]

- 교실에 어울리는 배경 오브젝트와 엔트리봇과 웨이, 소피 외의 학급 친구들 오브젝트를 추가한다.
- '오브젝트 추가하기' 버튼을 클릭하여 '사람-안경쓴 학생(1), 안경쓴 학생(2), 팔벌려 뛰는 아이, 뛰어노는아이, 육상선수(1)'과 '배경-실내-학교 배경'을 찾아 선택 후, 오른쪽 아래 적용하기 버튼을 클릭한다.

● 피아노 건반 및 다장조 음계에 맞게 오브젝트의 크기, 위치를 설정한다.

● '가온 도'에서 '높은 도'까지 8음계를 연주할 수 있도록 오브젝트 간의 간격을 조절한다.

[시작 방법 설정]

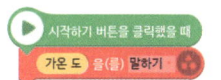
안경쓴 학생(1)

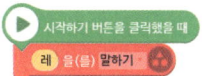
웨이

안경쓴 학생(2)

● 코드가 시작될 때 각 오브젝트들이 자신이 연주할 계이름을 말하도록 한다.

● 가장 왼쪽에 위치한 '안경쓴 학생(1)'부터 '가온 도'를 말하고, 오른쪽에 있는 '웨이'는 '레'를 말하도록 한다. 이와 같은 방법으로 가장 오른쪽의 '안경쓴 학생(2)'이 '높은 도'를 말하도록 한다.

[안경쓴 학생(1) 오브젝트]

● [소리] 탭에서 '소리 추가'를 선택하고 '악기-피아노-피아노_04도'를 선택하여 적용한다.

● 를 가져오고 를 연결한다.

● y 좌표를 바꿔 위로 뛰며, 다른 모양으로 바꿔준다.

● '0.5'초 기다렸다가 다시 y 좌표를 바꿔 제자리로 돌아오고 모양도 원래 모양으로 바꿔준다.

● 이와 같은 방법으로 각 오브젝트 별로 재생하려는 피아노 소리를 추가하고, 오브젝트를 클릭했을 때 해당 음을 재생하며 위로 뛰어 올랐다가 원래 자리로 돌아오도록 한다.

[웨이 오브젝트]

```
오브젝트를 클릭했을 때
소리 피아노_05레 ▼  1  초 재생하기 ◀
y 좌표를  100  만큼 바꾸기
걸고있는사람(2)_2 ▼  모양으로 바꾸기 ♻
0.5  초 기다리기
y 좌표를  -100  만큼 바꾸기
걸고있는사람(2)_1 ▼  모양으로 바꾸기 ♻
```

[팔벌려 뛰는 아이 오브젝트]

```
오브젝트를 클릭했을 때
소리 피아노_06미 ▼  1  초 재생하기 ◀
y 좌표를  100  만큼 바꾸기
팔벌려 뛰는 아이_2 ▼  모양으로 바꾸기 ♻
0.5  초 기다리기
y 좌표를  -100  만큼 바꾸기
팔벌려 뛰는 아이_1 ▼  모양으로 바꾸기 ♻
```

[엔트리봇 오브젝트]

```
오브젝트를 클릭했을 때
소리 피아노_07파 ▼  1  초 재생하기 ◀
y 좌표를  100  만큼 바꾸기
엔트리봇 걷기1 ▼  모양으로 바꾸기 ♻
0.5  초 기다리기
y 좌표를  -100  만큼 바꾸기
(3)엔트리봇 정면 ▼  모양으로 바꾸기 ♻
```

[뛰어노는아이 오브젝트]

```
오브젝트를 클릭했을 때
소리 피아노_08솔 ▼  1  초 재생하기 ◀
y 좌표를  100  만큼 바꾸기
뛰어노는 아이_5 ▼  모양으로 바꾸기 ♻
0.5  초 기다리기
y 좌표를  -100  만큼 바꾸기
뛰어노는 아이_1 ▼  모양으로 바꾸기 ♻
```

[소피 오브젝트]

```
오브젝트를 클릭했을 때
소리 피아노_09라 ▼  1  초 재생하기 ◀
y 좌표를  100  만큼 바꾸기
걸고있는사람(1)_2 ▼  모양으로 바꾸기 ♻
0.5  초 기다리기
y 좌표를  -100  만큼 바꾸기
걸고있는사람(1)_1 ▼  모양으로 바꾸기 ♻
```

[육상선수(1) 오브젝트]

```
오브젝트를 클릭했을 때
소리 피아노_10시 ▼  1  초 재생하기 ◀
y 좌표를  100  만큼 바꾸기
육상선수(1)_4 ▼  모양으로 바꾸기 ♻
0.5  초 기다리기
y 좌표를  -100  만큼 바꾸기
육상선수(1)_1 ▼  모양으로 바꾸기 ♻
```

[안경쓴 학생(2) 오브젝트]

```
오브젝트를 클릭했을 때
소리 피아노_11높은도 ▼  1  초 재생하기 ◀
y 좌표를  100  만큼 바꾸기
안경쓴 학생(2)_3 ▼  모양으로 바꾸기 ♻
0.5  초 기다리기
y 좌표를  -100  만큼 바꾸기
안경쓴 학생(2)_1 ▼  모양으로 바꾸기 ♻
```

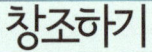

창조하기

연주에 맞추어 좌우로 춤추는 오브젝트를 만들어 봅시다.

Chapter ⑩ 화재가 났어요.

오브젝트를 소방차로 변신시키고 화재를 진압하여 봅시다.

이번 장에서 배울 엔트리 주요 내용은?
☞ 오브젝트의 모양 변화, 조건을 확인하여 오브젝트의 크기 줄이기 등

과제 확인하기

생각 다듬기

오브젝트의 모양 변화시키기

오브젝트의 모양을 바꿀 때에는 오브젝트 내 다른 모양 외에도, 모양을 외부에서 추가하여 새로운 모양으로 바꿀 수 있다.

[처음 엔트리봇의 모양 추가 화면]

[엔트리봇 친구들의 기본 모양들]

[모양 추가를 통해 새로운 모양 적용]

[새로운 모양이 추가된 모양 추가 화면]

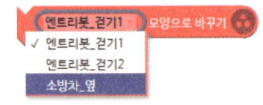 ● 이와 같은 방법으로 오브젝트에 새로운 모양을 추가함으로써 손쉽게 다른 모양으로 바꿀 수 있다.

조건 확인하기

특정 조건을 지정하고 그 조건에 맞는지를 판단하여, 조건에 맞았을 경우에 동작을 수행하도록 설정할 수 있다.

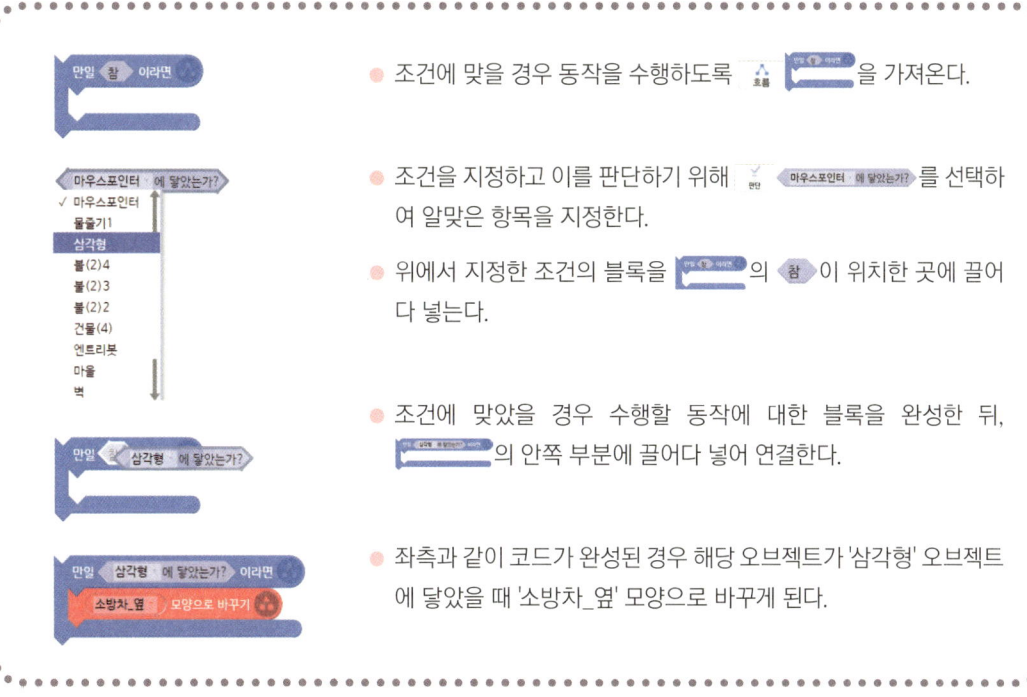

● 조건에 맞을 경우 동작을 수행하도록 을 가져온다.

● 조건을 지정하고 이를 판단하기 위해 를 선택하여 알맞은 항목을 지정한다.

● 위에서 지정한 조건의 블록을 의 참 이 위치한 곳에 끌어다 넣는다.

● 조건에 맞았을 경우 수행할 동작에 대한 블록을 완성한 뒤, 의 안쪽 부분에 끌어다 넣어 연결한다.

● 좌측과 같이 코드가 완성된 경우 해당 오브젝트가 '삼각형' 오브젝트에 달았을 때 '소방차_옆' 모양으로 바뀌게 된다.

알고리즘 설계하기

오브젝트 추가(배경, 삼각형, 건물, 불, 소방차, 물줄기), 오브젝트 크기 및 위치 지정

코드가 시작하면 엔트리봇은 안전삼각대 위치로 이동한다.
엔트리봇이 안전삼각대와 만나게 되면 엔트리봇은 소방차로 변신하여 물줄기를 뿜게 된다.
마우스 포인터로 물줄기의 위치를 잡고, 물줄기가 건물을 태우고 있는 불과 만나면
불의 크기는 점점 작아지게 된다.

오브젝트 / 순서	엔트리봇		물줄기		불1	불2	불3	삼각형
1	시작하기							
2.1	2초 동안 삼각형 위치로 이동하기		모양 숨기기		계속 반복 하기	0.5초 기다리기		
2.2						불(2)_1 모양으로 바꾸기		
2.3						0.5초 기다리기		
2.4						불(2)_1 모양으로 바꾸기		
3.1	만일 삼각형에 닿으면	소방차_옆 모양으로 바꾸기						
3.2		소방차 변신 신호 보내기						
4			소방차 변신 신호 받기		소방차 변신 신호 받기			소방차 변신 신호 받기
5			모양 보이기					모양 숨기기
6			계속 반복 하기	마우스포인터 위치로 이동 하기	계속 반복 하기	만일 물줄기에 닿으면	크기를 -1 만큼 바꾸기	

코딩하기

[오브젝트 추가 및 모양 편집(마을, 건물, 불, 삼각형, 물줄기 등)]

● '오브젝트 추가하기' 버튼을 클릭하여 '배경-실외-마을', '건물-건축물-건물(4)', '환경-자연-불(2)', '인터페이스-삼각형'을 찾아 선택 후, 오른쪽 아래 적용하기 버튼을 클릭한다.

● '삼각형' 오브젝트의 [모양] 탭에서 삼각형의 색깔을 빨간색으로 채워준다(안전삼각대의 형태).

● 물줄기는 '모양 추가-새로 그리기'를 이용하여 만들어보도록 한다.

[엔트리봇의 '소방차_옆' 모양 추가]

● 엔트리봇이 소방차의 모양으로 변신을 해야 하므로 '모양 추가'를 이용해 '탈 것-땅-소방차_옆'을 적용하고, 좌우뒤집기를 선택한 뒤 저장한다(소방차가 화재가 난 건물 방향을 향하도록).

[오브젝트 위치 및 크기 설정]

● 화재가 발생한 건물의 모습이 자연스럽게 연출되도록 각 오브젝트의 위치와 크기를 적절히 조절하여 배치하도록 한다.

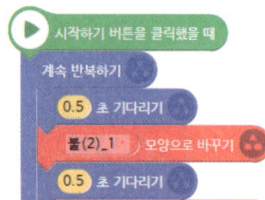

● 코드가 시작하면 엔트리봇이 삼각형이 위치한 곳까지 이동하도록  를 연결하여 '엔트리봇'을 '삼각형'으로 수정한다.

● 엔트리봇이 삼각형에 닿을 때 소방차 모양으로 변신한 뒤 신호를 보내도록 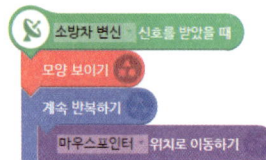 을 가져와  를 '참'의 위치에 끌어다 넣는다. 그리고 엔트리봇_걸기1 모양으로 바꾸기 의 모양을 '소방차_옆'으로 수정하고, 대상없음 신호 보내기 를 연결하여 '소방차 변신' 신호를 보내도록 한다.

[불 오브젝트](오브젝트의 개수는 3개이나 코드는 모두 같다.)

● 코드가 시작하면 불이 자연스럽게 타오르는 모습이 계속 반복되도록 계속 반복하기 의 안쪽에 2 초 기다리기 와 엔트리봇_걸기1 모양으로 바꾸기 를 2쌍 연결하여 시간과 내용을 수정한다.

● 하나의 불 오브젝트에 완성된 코드를 복사하여 다른 불 오브젝트에 붙여넣기 한다.

[물줄기 오브젝트]

● 엔트리봇이 소방차로 변신하기 전까지 물줄기의 모습이 보이지 않도록 시작하기 버튼을 클릭했을 때 에 모양 숨기기 를 연결한다.

● 소방차 변신 신호를 받으면 물줄기의 모습이 나타나도록 모양 보이기 를 연결하고, 물줄기가 마우스포인터 위치로 계속 이동하도록 계속 반복하기 의 안쪽에 마우스포인터 위치로 이동하기 를 넣어 연결한다.

[삼각형 오브젝트]

● 소방차 변신 신호를 받으면 안전삼각대의 모습이 사라지도록 모양 숨기기 를 연결한다.

108

[불 오브젝트(오브젝트의 개수는 3개이나 코드는 모두 같다.)**]** 🔥

- 소방차 변신 신호를 받으면 계속 반복되는 조건을 넣어서, 물 줄기에 닿았을 때 불이 조금씩 꺼지는 모습을 나타내도록 한다.

- 에 를 넣고, 를 연결하여 조건이 참일 때 크기가 줄어들도록 한다.

마우스로 풍선을 클릭하여 크기가 커지도록 하고, '풍선이 가시에 닿았을 때 터지는 장면'을 만들어 봅시다.

Chapter 11 화재로 갇힌 사람을 구출해요.

키보드를 이용하여 오브젝트를 이동하고 사람을 구출해봅시다.

이번 장에서 배울 엔트리 주요 내용은?
☞ 여러 가지 조건 확인 및 행동, 특정 오브젝트 따라다니기 등

과제 확인하기

생각 다듬기

여러 가지 조건 확인 및 행동

하나의 오브젝트에 여러 가지 내용의 조건을 연결하고, 각 조건이 참이 될 때 각각의 행동을 취하도록 설계할 수 있다.

- 오브젝트에 을 여러 개 연결한다.
- 판단 카테고리의 블록을 이용하여 각각의 조건들을 완성한다.
- 의 참 위치에 완성한 조건을 끌어다 넣고, 행동할 내용을 연결하도록 한다.

특정 오브젝트 따라다니기

오브젝트가 위치한 x 또는 y 좌표, 오브젝트의 이동방향에 상관없이 특정 오브젝트를 향해 이동하여 계속 따라다니도록 설계할 수 있다.

- 의 안쪽에 를 연결하면 특정 오브젝트를 계속 따라다니는 것과 같은 효과를 줄 수 있다.

알고리즘 설계하기

오브젝트 추가(등장인물, 불, 창문, 미로 등), 오브젝트 크기 및 위치 지정

키보드 방향키를 이용해 엔트리봇을 움직이며, 화재가 난 미로에 갇힌 사람들을 구하도록 한다. 엔트리봇이
미로의 벽에 닿으면 이동 방향의 반대쪽 좌표로 튕겨지도록 하여 벽을 뚫고 지나가지 못하도록 한다.
엔트리봇이 남자아이와 닿았을 경우 '남자아이 구출' 신호를 보내고 남자아이가 엔트리봇을 따라다니도록 하며,
여자아이와 닿았을 경우 '여자아이 구출' 신호를 보내고 여자아이가 엔트리봇을 따라다니도록 한다.
이때 남자아이나 여자아이가 불에 닿으면 '구출 실패'를 말하고 처음부터 다시 실행하도록 하며, 불에 닿지 않고
무사히 창문에 닿으면 '구출 성공'을 말하고 처음부터 다시 실행하도록 한다.

오브젝트 / 순서	엔트리봇			
1	←	→	↑	↓
2		x 좌표를 -10 만큼 바꾸기	x 좌표를 10 만큼 바꾸기	y 좌표를 10 만큼 바꾸기	y 좌표를 -10 만큼 바꾸기
3	만일 미로에 닿았으면	x 좌표를 10 만큼 바꾸기	x 좌표를 -10 만큼 바꾸기	y 좌표를 -10 만큼 바꾸기	y 좌표를 10 만큼 바꾸기
4	만일 남자아이에 닿았으면	남자아이 구출 신호보내기			
5	만일 여자아이에 닿았으면	여자아이 구출 신호보내기			

오브젝트 / 순서		남자아이	여자아이	불1	불2	불3
6		남자아이 구출 신호 받기	여자아이 구출 신호 받기	시작하기		
7.1	계속 반복하기	엔트리봇 위치로 이동하기		계속 반복 하기	불_1 모양으로바꾸기	
7.2	만일 불(1,2,3)에 닿았으면	'구출 실패'를 3초 동안 말하기			0.5초 기다리기	
7.3	만일 창문에 닿았으면	'구출 성공!'을 3초 동안 말하기			불_2 모양으로 바꾸기	
7.4					0.5초 기다리기	

코딩하기

[오브젝트 추가(배경, 등장인물, 미로, 창문, 불 등)]

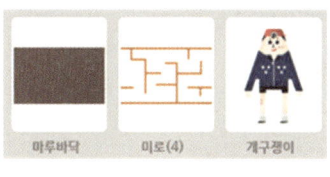

- '오브젝트 추가하기' 버튼을 클릭하여 '배경-실내-마루바닥', '배경-기타-미로(4)', '사람-남자아이', '사람-단발머리여자', '환경-자연-불(2)', '물건-생활-창문'을 찾아 선택 후, 오른쪽 아래 적용하기 버튼을 클릭한다.

- '개구쟁이' 오브젝트는 '남자아이'로, '상사' 오브젝트는 '여자아이'로 오브젝트 이름을 변경해 준다.

[오브젝트 위치 설정]

- 배경에 맞게 미로가 잘 배치되도록 미로의 크기와 위치를 조절한다.

- 등장인물이 미로를 통과할 수 있도록 크기를 조절하고, 불이 너무 크거나 길을 막고 있을 경우 구출이 어려우므로 이 점을 염두에 두도록 힌다.

[엔트리봇 오브젝트]

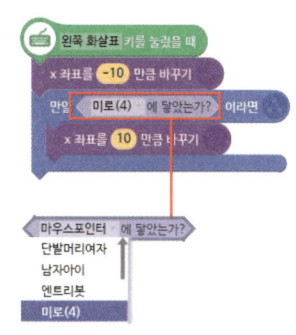

- '6장'에서와 같이 키보드의 방향키(화살표)를 활용해 오브젝트가 움직이도록 x, y 좌표의 값을 바꿔주는 블록을 연결한다.

- 의 조건에 미로(4)에 닿았는가? 를 넣고, x 좌표를 10 만큼 바꾸기 를 연결하여 미로에 닿을 경우 오브젝트가 벽을 뚫고 지나가지 못하도록 한다.

[엔트리봇 오브젝트]

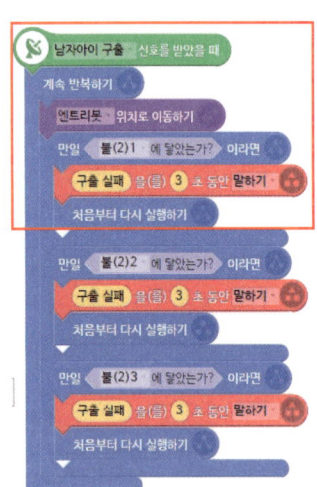

- 의 조건에 남자아이 에 닿았는가?를 넣고, 남자아이 구출 신호 보내기를 연결하여 남자아이와 닿았을 경우 '남자아이 구출' 신호를 보내도록 한다.

- 같은 방법으로 여자아이에 닿았을 경우 '여자아이 구출' 신호를 보내도록 한다.

[남자아이 오브젝트]

- 남자아이 오브젝트는 엔트리봇과 만났을 때 시작해야 하므로 남자아이 구출 신호를 받았을 때를 가져온다.

- 엔트리봇을 만나면 계속 엔트리봇을 따라가야 하므로 계속 반복하기의 안쪽에 엔트리봇 위치로 이동하기를 연결한다.

- 오브젝트가 불에 닿으면 '구출 실패'를 말하고 처음부터 다시 시작하도록 만일에 불(2)1 에 닿았는가?를 넣고, 구출 실패 을(를) 3 초 동안 말하기와 처음부터 다시 실행하기를 연결한다.

116

● '불(2)1'에 닿았을 때의 코드를 '코드 복사 & 붙여넣기'하여 '불2'와 '불3'에 닿았을 때의 코드를 완성한다.

● 불을 피하여 무사히 창문에 도착하면 '구출 성공!'을 말하고 처음부터 다시 실행하도록 ⌐_⌐ 에 〈 창문 에 닿았는가? 〉를 넣고, 〈 구출 성공! 을(를) 3 초 동안 말하기 〉와 〈 처음부터 다시 실행하기 〉를 연결한다.

● 여자아이 오브젝트도 엔트리봇과 만났을 때 시작해야 하므로 〈 여자아이 구출 신호를 받았을 때 〉를 가져온다.

● 시작 이후 여자아이 오브젝트의 모든 행동은 남자아이 오브젝트와 동일하므로, 남자아이 오브젝트의 블록을 '코드 복사'한 뒤 여자아이 오브젝트의 블록조립소에 와서 '붙여넣기'를 하여 간단하게 완성한다.

[불 오브젝트(오브젝트의 개수는 3개이나 코드는 모두 같다.)**]** 🔥

- 코드가 시작하면 불이 자연스럽게 타오르는 모습이 계속 반복되도록 🔥 ⬛의 안쪽에 `0.5 초 기다리기` 와 `불(2)_1 모양으로 바꾸기` 를 2쌍 연결하고, 다른 모양으로 바뀌도록 한다.

- 완성된 코드를 복사하여 다른 불 오브젝트들에게 붙여넣기 한다.

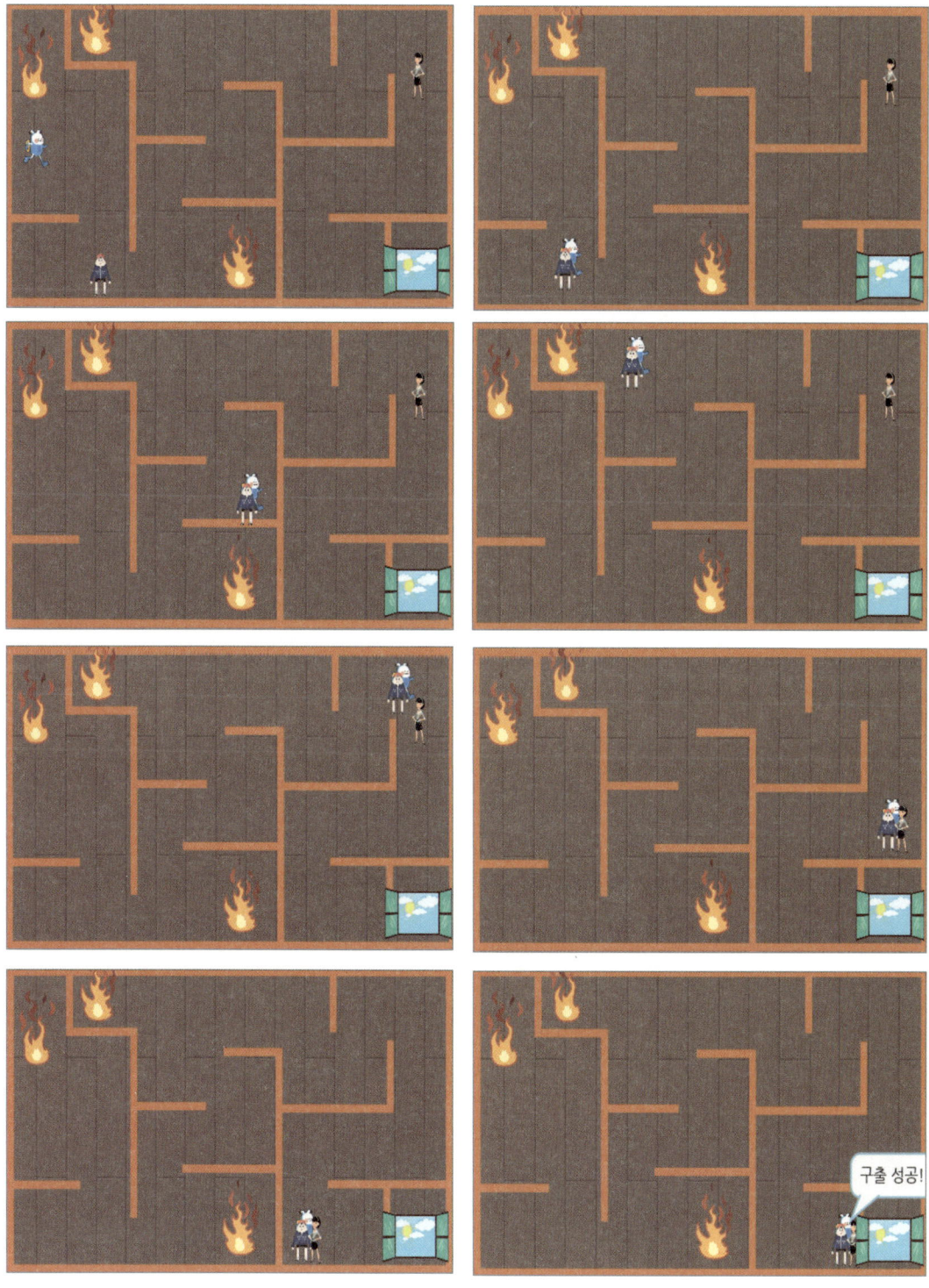

구출 성공!

119

나만의 미로 게임을 만들어 봅시다.

변수의 값을 판단하여 조건에 맞는 신호를 보내봅시다.

이번 장에서 배울 엔트리 주요 내용은?

👉 변수에 대한 이해, 변수의 값을 판단하여 신호보내기 등

과제 확인하기

생각 다듬기

변수란?

컴퓨터나 스마트폰 게임을 하다보면 등장인물이 '쿠키나 사탕을 먹을 때', '악당을 하나씩 물리칠 때' 등 특정 행동을 하면 나의 점수가 점차 올라가는 것을 경험해 본 적이 있을 것이다. 또는 주어진 시간에 임무를 완수해야 하는 경우, 처음 주어진 시간에서 자동으로 1초씩 줄어드는 모습을 보며 가슴이 두근두근 뛰어본 경험이 있을 것이다.
이와 같이 특정한 상황에 따라 변하는 수를 '변수'라고 한다.

[변수 추가]

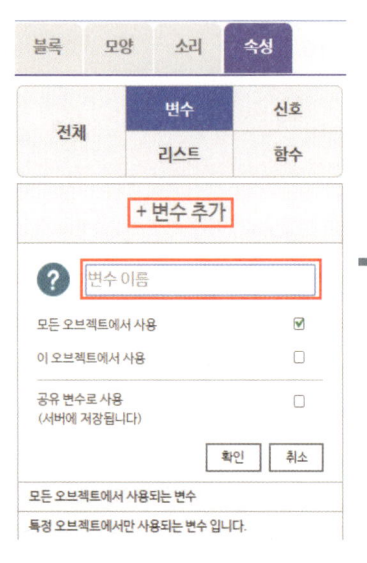

- [속성] 탭의 변수를 클릭하면 변수를 추가할 수 있다.

- 변수의 이름을 지정하고, 변수의 사용 범위를 설정하도록 한다.

- 변수 추가가 완료되면 실행화면에서 추가된 변수의 항목이 생성된 것을 확인할 수 있다.

[변수 활용]

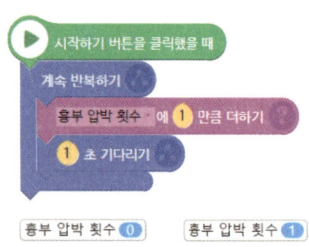

- 왼쪽과 같이 블록을 연결하였을 때 '흉부 압박 횟수' 변수가 1초마다 더해지게 된다.

- 변수에 대한 블록은 기본적으로 [?] 카테고리에서 찾을 수 있으며, 변수를 보이거나 숨기게 설정할 수도 있다.

- 변수는 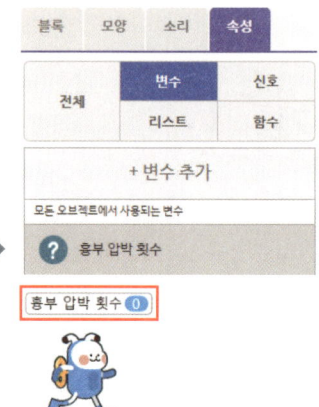 등과 같이 다른 카테고리의 블록들과 조합하여 활용할 수도 있다.

알고리즘 설계하기

오브젝트 추가(등장인물, 장애물, 학교건물 등), 오브젝트 크기 및 위치 지정

엔트리봇이 자신의 손으로 응급환자의 가슴(흉부)에 압박을 가하며 응급처치를 하는 장면을 표현하도록 한다.
응급환자를 클릭하면 흉부 압박 신호를 보내고 변수를 활용해 흉부 압박 횟수를 시각적으로 보이도록 하며,
흉부 압박 시 심장의 크기가 약간 커졌다가 작아지는 모양의 변화 효과를 주도록 한다.
끝으로 흉부 압박 횟수가 20회가 되면 응급환자가 의식이 돌아와 감사 인사를 하도록 한다.
이번 내용은 응급조치에 대한 단편적인 상황을 꾸며 설정한 것으로, 실제 심폐소생술에 대한 의학적,
전문적인 내용과는 일치하지 않음을 밝힌다.

오브젝트 순서	손 모양		남자아이	심장
1	시작하기		오브젝트를 클릭했을 때	
2	계속 반복 하기	마우스포인터 위 치로 이동하기	흉부 압박 신호 보내기	
3			흉부 압박 신호 받기	흉부 압박 신호 받기
4			흉부 압박 횟수에 1만큼 더하기	
5.1			흉부 압박 횟수가 20이 라면	흉부 압박 횟수가 20이 라면
5.2		만일	살아남 신호 보내기	코드 멈추기
5.3			'저를 구해주셨고요.'를 2초 동안 말하기	흉부 압박 횟수가 20이 아니면
5.4			'감사합니다.'를 2초 동안 말하기	만일 심장그림_1 모양으로 바꾸기
5.5			살아남 신호 받기	0.2초 기다리기
5.6			변수 '흉부 압박 횟수' 숨기기	심장그림_2 모양으로 바꾸기

코딩하기

[오브젝트 추가 (배경, 남자아이, 모니터, 손 모양, 심장그림 등)]

● '오브젝트 추가하기' 버튼을 클릭하여 '배경-실내-초록방', '사람-개구쟁이', '물건-생활-모니터(2)'를 찾아 선택한 후, 오른쪽 아래 적용하기 버튼을 클릭한다.

● 손 모양과 심장그림은 '새로 그리기'를 활용하여 제작한다.

● '개구쟁이' 오브젝트는 '남자아이'로 오브젝트 이름을 변경해 준다.

[오브젝트 모양 및 위치 설정]

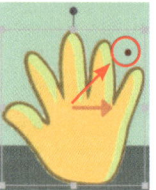

● '남자아이' 오브젝트의 위쪽 점을 클릭하고 회전시켜 바닥에 눕힌다.

● 심장그림을 모니터에 위치시키고, 크기를 알맞게 조절한다.

● [속성] 탭에서 변수를 추가하여 '흉부 압박 횟수'로 이름을 입력한다.

● '손 모양' 오브젝트의 중심점 위치를 오브젝트의 가장 끝 쪽으로 이동한다('남자아이' 오브젝트를 마우스로 클릭했을 때 흉부 압박 신호를 보내도록 코딩한다. '손 모양' 오브젝트의 중심점이 중앙에 위치하면 마우스 커서가 '손 모양'에 가려져 '남자아이'를 클릭할 수 없기 때문에 '손 모양' 오브젝트의 중심점을 바깥쪽으로 변경해주어야 한다).

[손 모양 오브젝트] 🖐

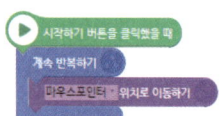

● 손모양 오브젝트는 계속 마우스포인터의 위치로 이동시키도록 [시작하기 버튼을 클릭했을 때] 에 [계속 반복하기] 를 연결하고, 계속 반복 블록의 안쪽에 [마우스포인터 위치로 이동하기] 를 연결한다.

● 마우스로 클릭하면 흉부 압박 신호를 보내도록 [시작] [오브젝트를 클릭했을 때] 에 [흉부 압박 신호 보내기] 를 연결한다.

● '흉부 압박' 신호를 받으면 변수에 1씩 더하기 위해 [자료] [흉부 압박 횟수 에 1 만큼 더하기] 를 연결하고, 만일 변수의 값이 20이 되면 '살아남' 신호를 보내며 감사 인사를 말하도록 한다. [만일 ~ 이라면] 에 [10 = 10] 를 넣고, [10 = 10] 의 왼쪽 '10' 자리에는 [자료] [흉부 압박 횟수 값] 을 끌어다 넣는다. 그리고 [10 = 10] 의 오른쪽 '10' 자리에는 숫자 '20'을 입력한 뒤, '살아남' 신호 보내기와 말하기 블록을 연결한다.

● '살아남' 신호를 받으면 변수를 숨기도록 [살아남 신호를 받았을 때] 와 [변수 흉부 압박 횟수 숨기기] 를 연결한다.

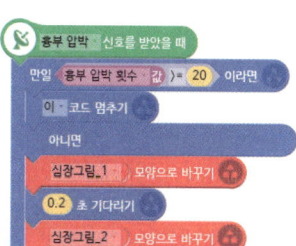

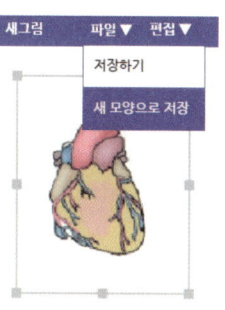

● 흉부 압박 횟수가 '20과 같거나 크면' 코드를 멈추도록 [만일 ~ 이라면] 의 〈참〉 에 [흉부 압박 횟수 값 ≥ 10] 을 끌어다 넣고 [코드 멈추기] 를 연결하여 '이' 코드 멈추기를 선택한다.

● 흉부 압박을 받을 때 심장이 뛰는 모양을 표현하기 위해 크기가 서로 다른 심장그림 모양을 만들어야 한다. [모양] 탭에서 오브젝트의 크기를 작게 한 뒤 '새 모양으로 저장'한다.

● 흉부 압박을 받으면 흉부 압박 횟수가 '20보다 작을 때까지' 심장의 크기가 변화되는 모습을 보여야 하므로 [만일 ~ 아니면] 의 '아니면' 아래에 심장그림의 모양이 변화하는 블록을 연결한다.

125

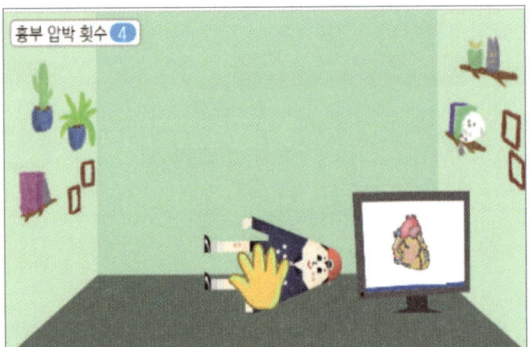

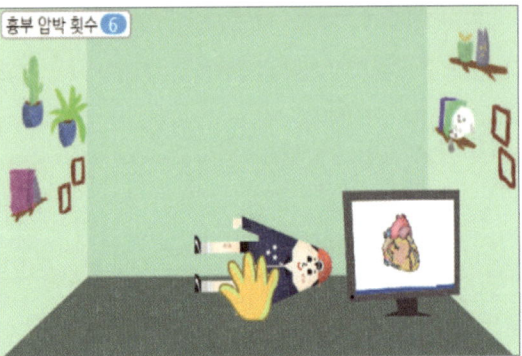

인공호흡 변수와 그에 따른 알맞은 오브젝트를 추가하여 완벽한 심폐소생술을 만들어 봅시다.

Part 2 엔트리봇 지구를 도와줘

Chapter 13 나무를 심고 가꿔요

스탬프 기능을 사용하여 산에 나무를 심어 봅시다.

이번 장에서 배울 엔트리 주요 내용은?

👉 변수 만들기, 신호 주고받기 등

과제 확인하기

생각 다듬기

변수 만들기
엔트리봇이 나무를 심을 때마다 몇 그루 심었는지 확인할 수 있도록 변수를 만들어 활용한다.

하나 더!

▶ '변수'란 어떤 값이나 정보들을 저장할 수 있는 공간이다. 상황에 따라 달라질 수 있는 값이므로 변(하는)수라고 부르는 것이다.

▶ 각 변수마다 이름을 설정할 수 있으며, 하나의 변수에는 숫자나 문자의 값이 한 번에 하나씩만 저장될 수 있다.

신호 주고받기
엔트리봇이 나무묘목에 닿았을 때 신호를 보내 묘목이 엔트리봇을 따라 이동하도록 한다. 그리고 도장찍기로 나무를 심을 때마다 신호를 보내 나무 개수를 1씩 올릴 수 있도록 신호를 추가, 주고 받는 블록을 구성한다.

알고리즘 설계하기

오브젝트 추가(등장 인물, 배경화면 설정), 오브젝트 크기 및 위치 지정

오브젝트 순서	엔트리봇		나무	
1.1	나무 개수가 10이 될 때까지 반복하기	마우스 포인터 위치로 이동하기		
1.2		나무에 닿으면 신호1 보내기		
2			신호1 받기	
3.1 3.2			계속 반복하기	마우스를 클릭했을 때 도장찍기
4			나무 개수 신호 보내기	
5	나무 개수 신호를 받았을 때 나무 개수에 1 만큼 더하기			
6	나무 개수가 10이면 '나무 다 심었다!'를 4초 동안 말하기			
7	나무 개수가 10이면 나무 심기 끝 신호 보내기			
8			나무 심기 끝 신호를 받으면 멈추기	

코딩하기

[오브젝트 구성]

- ➕ 오브젝트 추가하기 의 배경 오브젝트 중 들판(4)을 가져온다.
- 엔트리봇은 왼쪽 하단에 둔다.
- 식물 오브젝트 중 나무를 가져와 오른쪽 하단에 둔다.
- 위의 '나무 개수'라는 표시는 변수를 만들면 나중에 생겨나는 것이므로 일단 넘어간다.

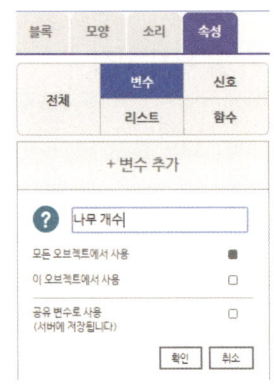

● 먼저 나무 개수에 따른 움직임을 전개할 수 있도록 변수 '나무 개수'를 설정해야한다.

● 🔲 에서 변수 만들기를 클릭한다(또한 [속성] 탭에서 변수–변수 추가 클릭).

● '나무 개수'로 변수 이름을 작성하고 '모든 오브젝트에서 사용'에 체크하여 추가한다.

● 이제 [블록] 탭에서 자료 메뉴를 선택하면 나무 개수에 대한 블록이 생성된 것을 확인할 수 있다.

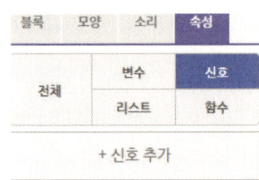

● 오브젝트의 유기적인 움직임을 표현하기 위해 신호를 생성한다. 본 프로젝트에서는 3가지의 신호가 필요하므로 '신호 1', '나무 개수 더하기', '나무 심기 끝' 등 3가지의 신호를 추가한다(신호 이름은 변경 가능하므로 확인하기 편한 것으로 설정하도록 한다).

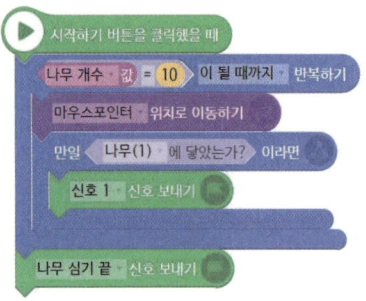

● 프로그램이 시작되면 마우스포인터에 따라 엔트리봇이 이동하고 이를 나무 개수가 10이 되면 종료되도록 블록을 구성한다.

● 🏳 ▶ 시작하기 버튼을 클릭했을 때 를 넣은 후 🔲 의 🔲 이(가) 될 때까지 기다리기 를 가져다 놓는다.

● 🔲 10 = 10 을 🔲 이(가) 될 때까지 기다리기 참 자리에 넣고 🔲 에서 [나무 개수 값] 블록을 가져와 10 = 10 의 10자리에 넣는다.

● 🔄 엔트리봇 위치로 이동하기 을 가져다 놓고 '마우스포인터' 위치로 수정한다.

● 🏳 🔲 이라면 을 가져온 후 🔍 에서 마우스포인터 에 닿았는가? 를 연결한다.

● 나무에 닿으면 나무 오브젝트가 엔트리봇과 같이 움직일 수 있도록 🏳 에서 [~~ 신호 보내기]를 가져다 놓고 '신호1'로 설정한다.

● 블록 맨 끝에 🔲 대상없음 신호를 받았을 때 를 가져온 후 '나무 심기 끝'으로 설정한다.

[나무 오브젝트] 🌳

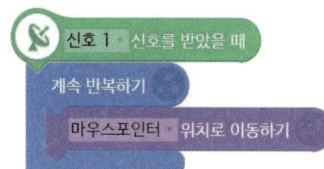

- 엔트리봇이 나무묘목에 닿으면 엔트리봇(마우스포인터)을 따라 움직일 수 있도록 블록을 구성한다.
- 🏳️ (신호) 을 조립소에 놓고 '신호1'신호를 받았을 때로 설정한다.
- 흐름 을 가져온다.
- 움직임 를 가져와 '마우스 포인터'로 설정 후 연결한다.

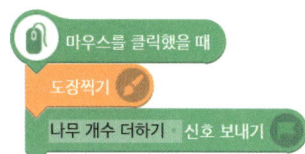

- 마우스를 클릭할 때마다 그 자리에 나무묘목이 심어질 수 있도록 한다.
- 🏳️ (마우스를 클릭했을 때) 를 블록 조립소에 가져온다.
- 붓 (도장찍기) 를 연결한다.
- 나무묘목이 심어질 때마다 나무 개수를 더하라는 신호를 보낼 수 있도록 🏳️ (신호 보내기) 를 연결하고 나무 개수 더하기 신호 보내기로 설정한다.

- 나무 심기가 끝나면 프로그램이 종료되는 느낌의 효과를 줄 수 있도록 한다.
- 🏳️ (신호를 받았을 때) 를 가져온 후 '나무 심기 끝' 신호를 받았을 때로 설정한다.
- 흐름 (코드 멈추기) 를 가져와 '자신' 코드 멈추기로 설정한다.

[엔트리봇 오브젝트(2)] 🤖

- 이제 나무묘목이 심어질수록 나무 개수가 1씩 올라가는 것을 표현하려고 한다.
- 🏳️ (신호를 받았을 때) 를 가져온 후 '나무 개수 더하기' 신호를 받았을 때로 설정한다.
- 자료 (변수에 10 만큼 더하기) 를 가져와 연결한 후 변수를 '나무 개수'로, '10'을 '1'로 설정한다.
- 흐름 을 가져와 연결하고 자료 에서 변수 값 을 가져와 '나무 개수'로 설정하고 '참' 자리에 넣는다.
- "나무를 다 심었다!"라고 엔트리봇이 외칠 수 있도록 생김새 (안녕! 을(를) 4 초 동안 말하기) 를 연결하고 말을 수정한다.

135

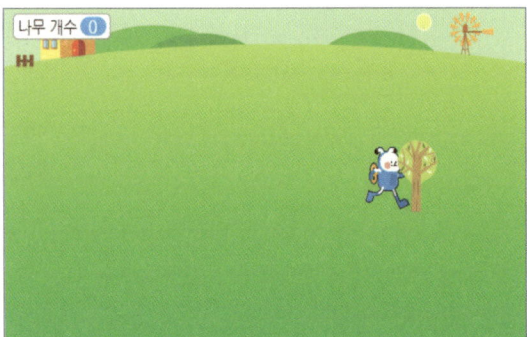

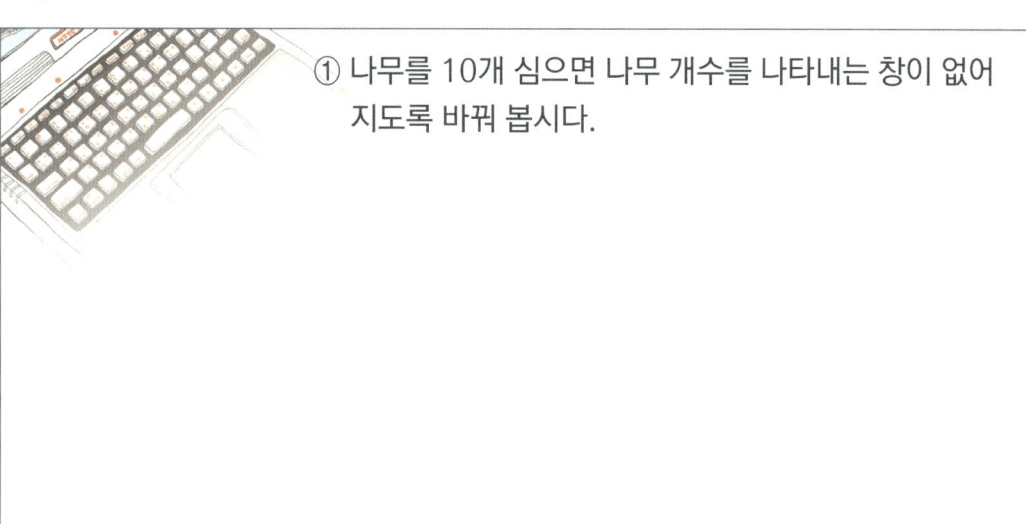

① 나무를 10개 심으면 나무 개수를 나타내는 창이 없어
지도록 바꿔 봅시다.

②  를 눌렀을 때 나무가 심어지는 것으로 바꿔 봅
시다.

③ 프로그램 중 엔트리봇이 걷는 듯이 움직이는 효과를 넣어 봅시다.

④ 나무를 10개 심으면 여러 군데에서 꽃이 나타나도록 바꿔 봅시다.

Chapter 14 토양을 보호해요

재활용이 가능한 쓰레기를 찾아봅시다.

이번 장에서 배울 엔트리 주요 내용은?
☞ 변수를 활용한 점수판 만들기

과제 확인하기

생각 다듬기

변수를 활용한 점수판

'점수'라는 변수를 추가하여 점수판을 만들 수 있다.

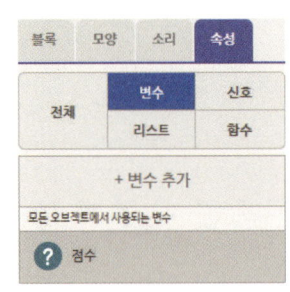

오브젝트 편집

특정 오브젝트에 변수 더하기를 설정하여 선택 시 활동 점수가 추가되는 게임을 만들 수 있다.

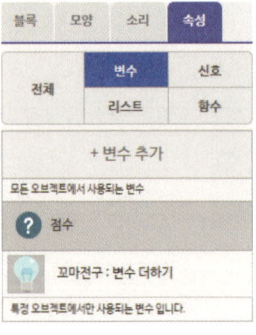

알고리즘 설계하기

오브젝트 순서		엔트리봇	꼬마전구, 풍선, 병, 콜라, 건전지	짚단, 바위(1), 바위(3), 브로콜리, 배추
		오브젝트 추가(등장 인물, 사물, 배경화면), 오브젝트 크기 및 위치 지정		
1.1	10번 반복하기	이동방향으로 움직이기		
1.2		엔트리봇_걷기2 모양으로 바꾸기		
1.3		0.1초 기다리기		
2.1	2번 반복하기	좌우 모양 뒤집기		
2.2		'!!'를 0.5초 동안 말하기		
2.3		0.5초 기다리기		
2.4		좌우 모양 뒤집기		
2.5		'??'를 0.5초 동안 말하기		
2.6		0.5초 기다리기		
3		'땅을 오염시키는 쓰레기와 오염물질을 올바르게 클릭하여 버려주세요~!'를 3초 동안 말하기		
4		모양 숨기기		
5			오브젝트를 클릭했을 때	
6.1 6.2			점수에 100만큼 더하기	'다시 생각해보세요!'를 1초 동안 말하기
7			'참 잘했어요!'를 1초 동안 말하기	
8			모양 숨기기	

코딩하기

[오브젝트 추가(들판(4), 꼬마전구, 풍선, 병, 콜라, 건전지, 짚단, 바위(1), 바위(3), 브로콜리(1), 배추)**]**

● '오브젝트 추가하기' 버튼을 클릭하여 검색창에 필요한 오브젝트를 입력한다.

● 각각의 검색 결과를 클릭하여 추가하기 위한 모든 오브젝트를 불러온 후 '적용하기'를 클릭한다.

[오브젝트 크기 및 위치 설정(1)]

● 엔트리봇의 위치는 'X:-200.0, Y:5.0', 크기는 '70.0'으로 설정한다.

● 이전 단계에서 추가한 오브젝트는 총 11개로, 많은 오브젝트로 인해 실행화면이 복잡해 보일 때는 오브젝트 목록에서 각 오브젝트의 👁 아이콘을 클릭하여 잠시 감춰둘 수 있다.

[오브젝트 크기 및 위치 설정(2)]

● 엔트리봇과 배경을 제외한 나머지 오브젝트들의 크기를 '50.0'으로 설정한다.

● 크기를 변경한 오브젝트들의 위치를 마우스 버튼 클릭(해제)을 이용하여 원하는 곳에 적절히 배치한다.

시작하기 버튼 클릭했을 때
10 번 반복하기
이동 방향으로 10 만큼 움직이기
다음 모양으로 바꾸기
0.1 초 기다리기

- [블록] 탭에서 ▶ `시작하기 버튼을 클릭했을 때` 를 가져온다.

- `10 번 반복하기` 를 가져다 연결한다.

- 엔트리봇의 걸어가는 움직임을 표현하기 위해 `이동 방향으로 10 만큼 움직이기`, `다음 모양으로 바꾸기`, `2 초 기다리기` 를 가져다 순서대로 연결한 후 '0.1초'로 수정한다.

시작하기 버튼을 클릭했을 때
10 번 반복하기
이동 방향으로 10 만큼 움직이기
다음 모양으로 바꾸기
0.1 초 기다리기

2 번 반복하기
좌우 모양 뒤집기
!! 을(를) 0.5 초 동안 말하기
0.5 초 기다리기
좌우 모양 뒤집기
?? 을(를) 0.5 초 동안 말하기
0.5 초 기다리기

땅을 오염시키는 쓰레기와 오염물질을... 을(를) 4 초 동안 말하기
모양 숨기기

- 움직임 이후 엔트리봇의 대화 내용을 반복적으로 나타내기 위해 `10 번 반복하기` 를 가져와 '2'로 수정한다.

- `좌우 모양 뒤집기` 와 `안녕! 을(를) 4 초 동안 말하기`, `2 초 기다리기` 를 가져다 연결한 후 '안녕!'을 '!!'로 '4'를 '0.5'로, '2'를 '0.5'로 수정한다.

- 위 3가지 블록을 '코드 복사&붙여넣기'나 Ctrl + C & Ctrl + V 를 활용하여 복사한 후 '!!'을 '??'로 수정한다.

- 마지막으로 엔트리봇의 대화내용을 나타내고, 엔트리봇을 숨기기 위해 `안녕! 을(를) 4 초 동안 말하기`, `모양 숨기기` 를 순서대로 가져와 '땅을 오염시키는 쓰레기와 오염물질을 올바르게 클릭하여 버려주세요~!'로 수정한다.

[변수 만들기]

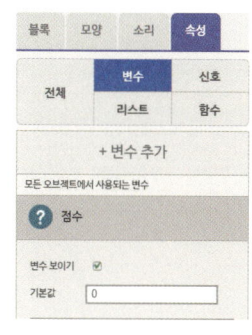

- [속성] 탭에서 '변수 추가'를 클릭하여 '점수'라는 변수명을 입력한다.

- 변수의 세부 설정은 기본값을 유지하고, '확인'을 클릭하여 변수를 생성한다.

- 변수 추가가 잘 되었는지 확인하기 위해 실행화면에서 '점수 0'의 변수가 나타나 있는지 확인한다.

[꼬마전구, 풍선, 병, 콜라, 건전지 오브젝트]

-  을 가져온다.

- 을 가져와 연결하여 점수가 10점씩 추가되게 한다.

- 을 가져와 연결한 후 '참 잘했어요~!', '1'로 수정한다.

- 오브젝트를 클릭 했을 때 점수가 추가된 후 중복 클릭으로 점수가 계속적으로 추가되는 것을 막기 위해 를 가져와 연결한다.

[짚단, 바위(1), 바위(3), 브로콜리(1), 배추 오브젝트]

- 을 가져온다.

- 을 가져와 연결한 후 '다시 생각해 보세요!', '1'로 수정한다.

하나 더!

▶ 꼬마전구, 풍선, 병, 콜라, 건전지는 모두 같은 코딩 블록을 사용한다. 각각의 오브젝트에 반복적인 코딩을 하지 않고, 조립된 블록에서 '코드복사'를 클릭한 후 다른 오브젝트를 클릭한 후 [블록조립소]에 '붙여넣기'를 하여 효율적으로 작업할 수 있다.

실행 및 점검하기

① 점수가 100점씩 추가되도록 바꿔 봅시다.

② 잘못 클릭했을 경우, 감점되도록 바꿔 봅시다.

③ 엔트리봇의 움직임과 대화가 종료된 후 오브젝트 클릭
이 실행될 수 있도록 바꿔 봅시다.

Chapter 15 쓰레기를 분리배출해요

쓰레기를 올바르게 분리배출 해 봅시다.

이번 장에서 배울 엔트리 주요 내용은?
☞ 신호 응용하기, 조건 반복하기, 오브젝트 편집 등

과제 확인하기

생각 다듬기

신호 주고받기 응용

분리 배출한 쓰레기가 알맞은 통에 닿았을 때 신호를 보내, 다음 오브젝트가 나올 수 있도록 구성한다. 이러한 신호 주고받기를 알고리즘을 여러 개의 오브젝트에 적용해서 순차적으로 쓰레기가 나오고 클릭하여 분리배출 연습을 해보는 프로그램을 만들 수 있다.

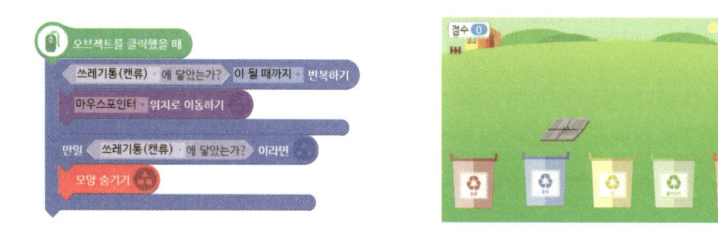

조건 반복하기

재활용품을 알맞은 분리수거함에 넣기 위해서는 '쓰레기가 정해진 함에 닿을 때까지 이동해야 한다.'라는 반복적인 조건이 필요하다.

오브젝트 편집

이미 엔트리 라이브러리에서 많은 이미지를 제공하고 있지만 필요에 따라 편집해서 써야 하는 경우가 있을 것이다. [모양]의 편집도구를 활용하여 간단한 편집을 할 수 있다.

알고리즘 설계하기

오브젝트 추가(등장 인물, 사물, 배경화면), 오브젝트 크기 및 위치 지정

오브젝트 순서	엔트리봇	신문지묶음	찌그러진캔, 칫솔(1), 우유, 약병, 콩주머니
1	시작하기 버튼을 클릭 했을 때		
2	'쓰레기를 분리배출 해봅시다.!'를 3초 동안 말하기	모양 숨기기	모양 숨기기
3	오브젝트를 클릭했을 때		
4	종이1 신호 보내기	종이1 신호를 받았을 때	
5	모양 숨기기	모양 보이기	
6		오브젝트를 클릭했을 때	
7		마우스포인터 위치로 이동하기	
8		만일 분리수거함(종이)에 닿았으면	
9		모양 숨기기	
10		점수에 100 만큼 더하기	
11		박수갈채 1초 재생하기	
12		캔 신호 보내기	
13			'캔 신호 → 플라스틱 신호 → 종이2 신호 → 유리 신호 → 비닐 신호' 순으로 반복 코딩

코딩하기

[오브젝트 추가(1) (들판(4), 콩주머니, 약병, 우유, 칫솔(1), 찌그러진캔, 신문지묶음)]

 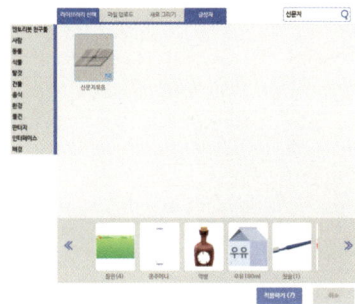

- '오브젝트 추가하기' 버튼을 클릭하여 검색창에 필요한 오브젝트를 입력한다.
- 각각의 검색 결과를 클릭하여 추가하기 위한 모든 오브젝트를 불러온 후 '적용하기'를 클릭한다.

하나 더!

▶ 각각의 오브젝트를 검색하여 불러오기 목록에 추가한 후 적용을 하였을 때, 가장 먼저 추가된 오브젝트가 [오브젝트 목록]의 맨 하단에 위치하게 된다.

▶ 코딩 순서를 고려하여 가장 먼저 코딩할 오브젝트를 상단에 위치하도록 추가할 수 있다.

[오브젝트 추가(2) (분리수거함)]

- '오브젝트 추가하기' 버튼을 클릭하여 검색창에 '분리수거함'을 입력한다.
- [오브젝트 목록] 분리수거함 오브젝트를 우클릭하여 '복제'를 클릭한다.
- 총 4번을 복제하여 5개의 분리수거함 오브젝트를 생성한다.

[오브젝트 크기 및 위치 설정(1)]

- 엔트리봇의 위치는 'X:0.0, Y:50.0', 크기는 '70.0'으로 설정한다.

- 신문지묶음, 찌그러진캔, 칫솔(1), 우유, 약병, 콩주머니의 위치는 'X:0.0, Y:50.0', 크기는 '50.0'으로 설정한다.

[오브젝트 크기 및 위치 설정(2)]

- 분리수거함의 크기는 '70.0'으로 설정한다.

- 복사한 분리수거함의 오브젝트명을 각각 분리수거함(유리), 분리수거함(종이), 분리수거함(캔), 분리수거함(플라스틱), 분리수거함(비닐)로 각각 수정한다.

- 이름을 변경한 5개의 오브젝트의 위치를 'Y:-80.0'으로 수정하고 X 값은 마우스를 이용해 오브젝트를 직접 움직여 실행화면에 적절한 간격으로 배치한다.

하나 더!

▶ 실행화면 상단에 있는 ⊞(좌표계)를 클릭하여 실행화면 위에 좌표가 표시되도록 한다.

▶ 좌표계를 사용하면 각 오브젝트들을 적절한 간격으로 배치시키기 용이하다.

▶ 좌표계를 표시함으로써 오브젝트의 위치를 보다 정확하게 알거나 이동시킬 수 있다. 실행화면은 X 축 방향으로 -240~240, Y 축 방향으로 -135~135로 이루어져 있다.

[오브젝트 편집하기]

 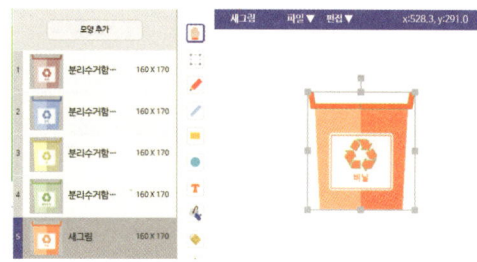

- 좌측은 편집하기 전 이미지, 우측은 편집 후 이미지이다.

- 를 클릭하여 에서 원하는 색을 선택한 후 분리수거함의 각각의 부분에 클릭하여 색칠을 입힌다. 원래의 이미지 중 색을 입히고자하는 부분에 클릭을 했을 경우 자동으로 동일한 색상 범위를 인식하여, 그 범위에 동일한 색을 입히게 설정되어 있다.

- 를 클릭하여 부분만 선택한 후 를 클릭하여 선택한 일부분을 분리수거함 이미지의 바깥쪽으로 빼놓는다.

- 을 클릭한 후 굵기는 '1'로 설정한다. 전경색과 배경색은 주황색, 흰색으로 각각 설정한다. 마우스를 이용하여 주황색 외곽선이 있는 네모난 사각형을 그려넣는다.

- 를 클릭하여 '고딕체'로 설정하고 마우스 클릭으로 텍스트 입력창을 만든 후 '비닐'을 입력한다. 기본 크기는 '20'이 가장 작은 크기이다. 하지만 텍스트 입력 후 텍스트 입력창을 마우스를 이용하여 줄이면 안에 입력되어 있는 텍스트를 더 작은 크기로 줄일 수 있다.

- 외곽으로 빼놓은 부분을 으로 영역을 설정하고 를 이용하여 원래 위치로 이동시킨다.

- 편집한 이미지을 '파일'-'새모양으로 저장'을 클릭하여 모양을 추가시킨다.

[신호만들기]

- [블록] 탭에서 '신호 추가'를 통해 '종이1', '플라스틱', '종이2', '유리', '비닐' 총 6개의 신호를 만들어 놓는다.

- '종이1', '종이2' 신호는 재활용품에 종이류가 2가지 있기 때문에 각각의 경우를 구분하기 위해 숫자를 사용한다.

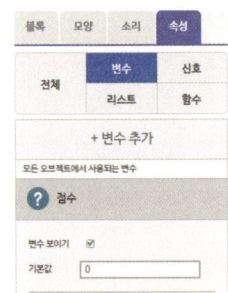

● [속성] 탭에서 '변수 추가'를 클릭하여 '점수'라는 변수명을 입력한다.

● 변수의 세부 설정은 기본값을 유지하고, '확인'을 클릭하여 변수를 생성한다.

● 변수 추가가 잘 되었는지 확인하기 위해 실행화면에서 '점수 0'의 변수가 나타나 있는지 확인한다.

• • • **[엔트리봇 오브젝트]** • • • • • • • • • • • •

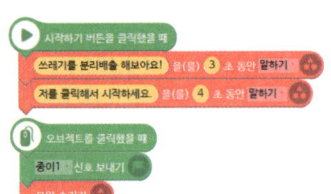

● [블록] 탭에서 [시작하기 버튼을 클릭했을 때] 를 가져온다.

● [안녕! 을(를) 4 초 동안 말하기] 를 두 번 가져온다. 각각 '쓰레기를 분리배출 해봅시다!'와 '3초', '저를 클릭해서 시작하세요.'와 '4초'로 수정한다.

● [오브젝트를 클릭했을 때] 와 [종이1 신호 보내기] 를 가져온다.

● [모양 숨기기] 를 가져와 연결한다.

• • • **[신문지묶음 오브젝트]** • • • • • • • • • • •

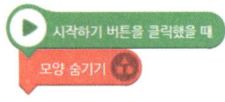

● [시작하기 버튼을 클릭했을 때] 를 가져온다.

● [모양 숨기기] 을 가져와 연결한다. 해당 오브젝트들을 숨기고 엔트리봇만을 실행화면에 보이기 위해 설정한다.

● [종이1 신호를 받았을 때] 를 가져와 엔트리봇에서 보낸 '종이1' 신호를 받아서 다음 동작을 할 수 있도록 설정한다.

● [모양 보이기] 를 가져와 연결한다.

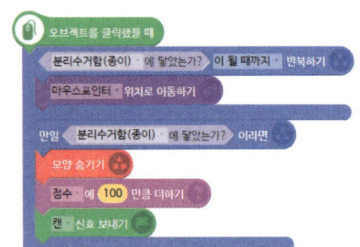

● [오브젝트를 클릭했을 때] 을 가져온다.

● [이 될 때까지 반복하기] 을 가져와 연결한다. [마우스포인터 에 닿았는가?] 를 가져와 조립한 후 '분리수거함(종이)'로 수정한다. 하단에 [엔트리봇 위치로 이동하기] 를 연결한 후 '마우스포인터'로 수정한다.

● [만일 이라면] 를 가져와 연결하고 [마우스포인터 에 닿았는가?] 을 조립한 후 '분리수거함(종이)'로 수정한다.

● [모양 숨기기], [점수 에 10 만큼 더하기], [캔 신호 보내기] 을 가져와 연결한다.

● 재활용품 관련 나머지 오브젝트들도 동일한 코드로 구성하되, 주고받는 신호를 고려하여 설정할 수 있도록 한다.

154

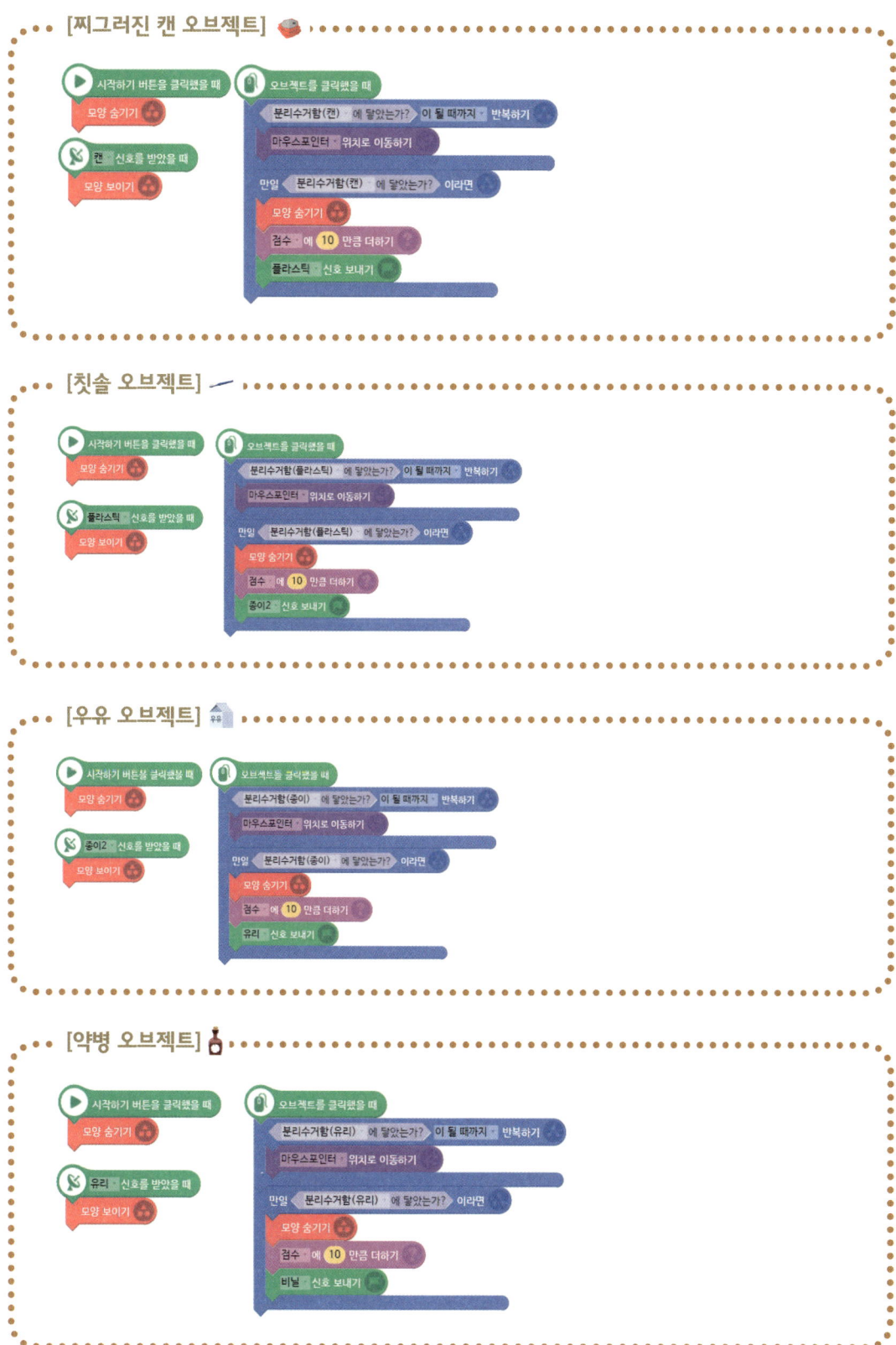

[찌그러진 캔 오브젝트]

```
시작하기 버튼을 클릭했을 때
  모양 숨기기

캔 신호를 받았을 때
  모양 보이기
```

```
오브젝트를 클릭했을 때
  분리수거함(캔) 에 닿았는가? 이 될 때까지 반복하기
  마우스포인터 위치로 이동하기
  만일 분리수거함(캔) 에 닿았는가? 이라면
    모양 숨기기
    점수 에 10 만큼 더하기
    플라스틱 신호 보내기
```

[칫솔 오브젝트]

```
시작하기 버튼을 클릭했을 때
  모양 숨기기

플라스틱 신호를 받았을 때
  모양 보이기
```

```
오브젝트를 클릭했을 때
  분리수거함(플라스틱) 에 닿았는가? 이 될 때까지 반복하기
  마우스포인터 위치로 이동하기
  만일 분리수거함(플라스틱) 에 닿았는가? 이라면
    모양 숨기기
    점수 에 10 만큼 더하기
    종이2 신호 보내기
```

[우유 오브젝트]

```
시작하기 버튼을 클릭했을 때
  모양 숨기기

종이2 신호를 받았을 때
  모양 보이기
```

```
오브젝트를 클릭했을 때
  분리수거함(종이) 에 닿았는가? 이 될 때까지 반복하기
  마우스포인터 위치로 이동하기
  만일 분리수거함(종이) 에 닿았는가? 이라면
    모양 숨기기
    점수 에 10 만큼 더하기
    유리 신호 보내기
```

[약병 오브젝트]

```
시작하기 버튼을 클릭했을 때
  모양 숨기기

유리 신호를 받았을 때
  모양 보이기
```

```
오브젝트를 클릭했을 때
  분리수거함(유리) 에 닿았는가? 이 될 때까지 반복하기
  마우스포인터 위치로 이동하기
  만일 분리수거함(유리) 에 닿았는가? 이라면
    모양 숨기기
    점수 에 10 만큼 더하기
    비닐 신호 보내기
```

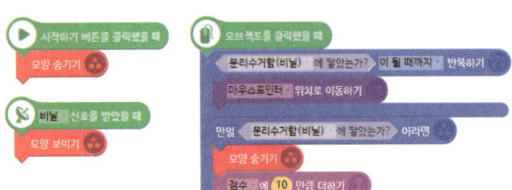

[콩주머니 오브젝트]

● 콩주머니 오브젝트는 다른 오브젝트의 코드와 다른 점이 있다. 신호 보내기 블록이 없는 점이 바로 그것인데, 마지막 오브젝트이기 때문에 다음 신호를 보낼 필요가 없어 관련 블록을 설정하지 않는 것이다.

실행 및 점검하기

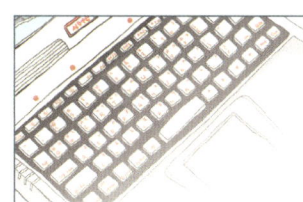

① 올바르게 분리배출 했을 때 박수갈채 소리가 나오도록 바꿔 봅시다.

② 알맞은 분리수거함에 닿았을 때 '참 잘했어요.'가 나오도록 바꿔 봅시다.

③ 일반 쓰레기와 일반 쓰레기통을 추가시켜 구성해 봅시다.

Chapter 16 정수기를 만들어요.

정수기의 필터를 순서대로 넣어 깨끗한 물을 만들어 봅시다.

이번 장에서 배울 엔트리 주요 내용은?

👉 순차적 신호 주고받기, 실행화면 전환하기, 이미지 파일 업로드 하기

과제 확인하기

생각 다듬기

순차적인 신호 주고받기

정수기는 여러 개의 필터를 차례대로 거쳐서 깨끗한 물이 만들어지는 원리를 갖고 있다. 따라서 정해진 일정한 순서를 지나야만 하는데, 신호를 순차적으로 주고받기를 통해 구현할 수 있다.

실행화면 전환하기

이번 시간에는 하나의 실행화면에서 모든 설정과 구현이 이뤄지지 않고, 장면을 2개로 나누어 연결시켜 본다.

이미지 파일 업로드

이전 차시에서 배운 [모양] 탭에서의 이미지 편집을 통해 필요에 따른 이미지를 만들어 낼 수도 있지만, 전혀 다른 새로운 오브젝트를 만들기에는 어려움이 있다. 이런 경우에는 외부에서 이미지를 가져와 사용할 수 있다.

알고리즘 설계하기

오브젝트 추가(등장 인물, 사물, 배경화면), 오브젝트 크기 및 위치 지정

오브젝트 순서	엔트리봇	거즈1, 솜1, 활성탄1, 숯1, 모래1, 자갈1	거즈2, 솜2, 활성탄2, 숯2, 모래2, 자갈2	센서1, 2, 3, 4, 5, 6	오염물방울 1, 2	물방울
1	시작하기 버튼을 클릭했을 때					
2	'대화 내용'을 4초 동안 말하기	오브젝트를 클릭했을 때	모양 숨기기		모양 숨기기	모양 숨기기
3		○○1 신호 보내기				
4			○○1 신호 받기			
5			모양 보이기			
6			오브젝트를 클릭했을 때			
7.1 7.2			계속 반복하기 | 마우스포인터 위치로 이동하기			
8			오브젝트 클릭을 해제했을 때			
9	오브젝트를 클릭했을 때		자신의 코드 멈추기			
10	정수시도 신호 보내기					
11				정수시도 신호 받기	정수시도 신호를 받기	
12				만일 거즈2에 닿았는가 이라면 센서1 신호 보내기	모양 보이기	
13.1				아니면 정수실패 신호 보내기	반복하기 | 반복하기 | y 좌표 바꾸기	
13.2	정수실패 신호받기				반복하기 | x, y 위치로 이동하기	
14	1초 기다리기			만일 자갈2에 닿았는가 이라면 센서6 신호 보내기		
15	'대화내용'을 2초 동안 말하기					센서6 신호 받기
16						모양 보이기
17						정수성공 신호보내기
18	정수성공 신호 받기					
19	'대화 내용'을 2초 동안 말하기					
20.1	반복하기 | x, y 좌표 반복 바꾸기					
20.2	0.1초 기다리기					
21	소리 재생하기					
22	장면2 시작하기					

코딩하기

[장면2 오브젝트 추가 및 위치설정]

- ➕을 클릭하여 장면 2를 추가한다.
- 장면2에 사막(2), 물방울 오브젝트를 추가하고 실행화면의 좌측으로 위치를 변경한다.

[장면1 오브젝트 추가 및 위치설정]

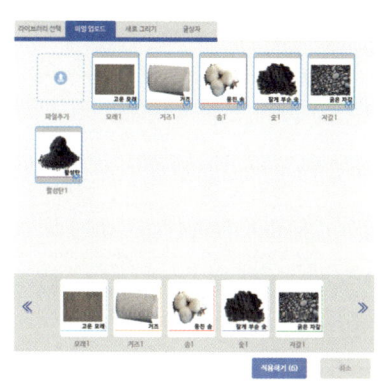

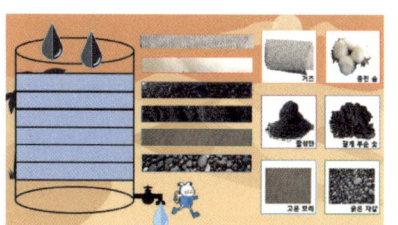

- '오브젝트 추가하기' 버튼을 클릭하여 필요한 오브젝트(거즈1~2, 솜1~2, 활성탄1~2, 숯1~2, 모래1~2, 자갈1~2, 정수기, 센서1~6)를 내 컴퓨터에 저장된 이미지로 불러온다.
- 사막(1)과, 물방울 3개는 라이브러리에서 불러온다.
- 검은색 물방울 두 개는 오염된 물방울을 표현한 것으로 [모양] 탭에서 이미지 편집도구의 페인트통 도구를 사용하여 검은색으로 수정한다.
- 검색 포털이나 무료 이미지 제공 누리집을 이용하여 이미지를 내려 받고, 그림판과 같은 간단한 이미지 편집 도구를 이용하여 제작한 이미지를 사용한다.
- 파일 추가는 한 번에 총 10개까지만 가능하므로 여러 번 나누어 추가시킨 후 적용한다.
- 한 번에 많은 이미지를 추가하여 적용했을 경우 실행화면과 오브젝트 목록이 복잡해 이후 작업에 어려움이 따를 수 있다. 각 영역별로 나누어 업로드 한 후 위치 설정을 할 수 있도록 한다.
- 여러 이미지를 동일선 상에 위치시키고 싶을 때, 가로의 경우에는 y 값을 동일하게 설정하고, 세로의 경우에는 x 값을 동일하게 설정한다.
- 오브젝트 이름의 경우 파일 이름과 동일하게 적용되지 않을 수 있다. 편리한 작업을 위해 이름을 파일명으로 수정하도록 한다.

하나 더!

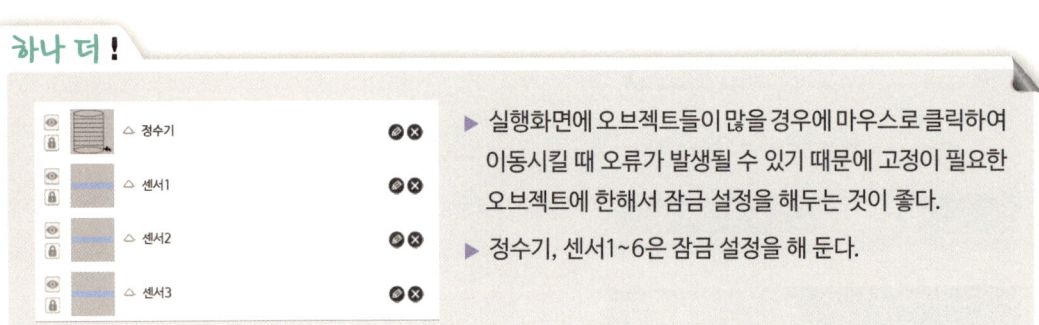

▶ 실행화면에 오브젝트들이 많을 경우에 마우스로 클릭하여 이동시킬 때 오류가 발생될 수 있기 때문에 고정이 필요한 오브젝트에 한해서 잠금 설정을 해두는 것이 좋다.

▶ 정수기, 센서1~6은 잠금 설정을 해 둔다.

[신호 만들기]

● '거즈1', '솜1', '활성탄1', '숯1', '모래1', '자갈1', '센서1~6', '정수시도', '정수실패', '정수성공' 총 15개의 신호를 추가한다.

● 이번 시간에는 신호가 많이 사용되기 때문에 헷갈리지 않도록 신호명을 정확히 구분해두는 것이 좋다.

[엔트리봇 오브젝트]

● 시작 ▶ 시작하기 버튼을 클릭했을 때 를 가져온다.

● 안녕! 을(를) 4 초 동안 말하기 를 두 번 가져온다. 각각 '거즈, 솜, 활성탄, 숯, 모래, 자갈 순으로 넣어 간이정수기를 완성해보세요.', '정수기를 완성하고 저를 클릭해보세요.'로 수정한다.

[거즈1 오브젝트]

● 시작 ▶ 시작하기 버튼을 클릭했을 때 와 거즈1 신호 보내기 를 가져온다.

● 실행화면상의 거즈1 오브젝트를 클릭했을 경우 다음 오브젝트의 동작을 위한 신호를 보낼 수 있는 설정이다.

[솜1 오브젝트]

[활성탄1 오브젝트]

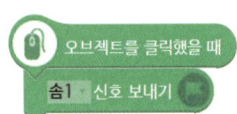

[숯1 오브젝트]

> 오브젝트를 클릭했을 때
> 숯1 ▾ 신호 보내기

[모래1 오브젝트]

> 오브젝트를 클릭했을 때
> 모래1 ▾ 신호 보내기

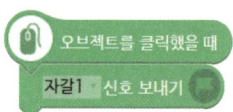

[자갈1 오브젝트]

> 오브젝트를 클릭했을 때
> 자갈1 ▾ 신호 보내기

[거즈2 오브젝트]

> 시작하기 버튼을 클릭했을 때
> 모양 숨기기
>
> 거즈1 ▾ 신호를 받았을 때
> 모양 보이기
>
> 오브젝트를 클릭했을 때
> 계속 반복하기
> 마우스포인터 ▾ 위치로 이동하기
>
> 오브젝트 클릭을 해제했을 때
> 자신의 ▾ 코드 멈추기

- [시작] 시작하기 버튼을 클릭했을 때 를 가져온다.
- [생김새] 모양 숨기기 를 가져와 연결한다.
- [시작] 거즈1 신호를 받았을 때 와 [생김새] 모양 보이기 를 가져와 연결한다.
- [시작] 오브젝트를 클릭했을 때 와 [흐름] 계속 반복하기 를 가져와 연결하고 [움직임] 엔트리봇 위치로 이동하기 을 가져와 조립한 후 '마우스 포인터'로 수정한다.
- [시작] 오브젝트 클릭을 해제했을 때 와 [흐름] 모든 ▾ 코드 멈추기 을 가져와 연결한 후 '자신의'로 수정한다.
- 숨기기가 되어 있는 상태에서 거즈1 신호를 받았을 때 다시 보이게 되며, 거즈2를 클릭했을 경우 마우스 포인터를 따라가게 되다가 클릭을 해제했을 때 거즈2 오브젝트의 코드가 멈추게 되는 설정이다.

[솜2 오브젝트]

> 시작하기 버튼을 클릭했을 때
> 모양 숨기기
>
> 솜1 ▾ 신호를 받았을 때
> 모양 보이기
>
> 오브젝트를 클릭했을 때
> 계속 반복하기
> 마우스포인터 ▾ 위치로 이동하기
>
> 마우스 클릭을 해제했을 때
> 자신의 ▾ 코드 멈추기

[활성탄2 오브젝트]

> 시작하기 버튼을 클릭했을 때
> 모양 숨기기
>
> 활성탄1 ▾ 신호를 받았을 때
> 모양 보이기
>
> 오브젝트를 클릭했을 때
> 계속 반복하기
> 마우스포인터 ▾ 위치로 이동하기
>
> 오브젝트 클릭을 해제했을 때
> 자신의 ▾ 코드 멈추기

[숯2 오브젝트]

> 시작하기 버튼을 클릭했을 때
> 모양 숨기기
>
> 숯1 ▾ 신호를 받았을 때
> 모양 보이기
>
> 오브젝트를 클릭했을 때
> 계속 반복하기
> 마우스포인터 ▾ 위치로 이동하기
>
> 오브젝트 클릭을 해제했을 때
> 자신의 ▾ 코드 멈추기

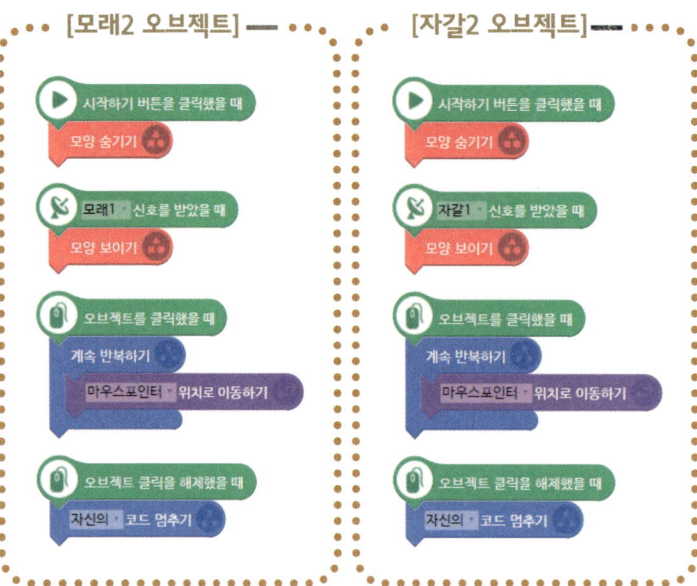

[모래2 오브젝트]

시작하기 버튼을 클릭했을 때
모양 숨기기

모래1 신호를 받았을 때
모양 보이기

오브젝트를 클릭했을 때
계속 반복하기
마우스포인터 위치로 이동하기

오브젝트 클릭을 해제했을 때
자신의 코드 멈추기

[자갈2 오브젝트]

시작하기 버튼을 클릭했을 때
모양 숨기기

자갈1 신호를 받았을 때
모양 보이기

오브젝트를 클릭했을 때
계속 반복하기
마우스포인터 위치로 이동하기

오브젝트 클릭을 해제했을 때
자신의 코드 멈추기

[엔트리봇 오브젝트]

오브젝트를 클릭했을 때
좌우 모양 뒤집기
정수시도 신호 보내기
정수 시도!! 을(를) 2 초 동안 말하기
1 초 기다리기

● 블록을 [시작] 시작하기 버튼을 클릭했을 때 , [생김새] 좌우 모양 뒤집기 , [시작] 정수시도 신호를 받았을 때 , [생김새] 정수 시도!! 을(를) 2 초 동안 말하기 , [흐름] 1 초 기다리기 순으로 연결 및 수정한다.

[오염 물방울1]

시작하기 버튼을 클릭했을 때
모양 숨기기

정수시도 신호를 받았을 때
모양 보이기
3 번 반복하기
30 번 반복하기
y 좌표를 -5 만큼 바꾸기
x: -180 y: 100 위치로 이동하기

● [시작] 시작하기 버튼을 클릭했을 때 와 [생김새] 모양 숨기기 를 가져와 연결한다.

● [시작] 정수시도 신호를 받았을 때 , [생김새] 모양 보이기 를 가져와 연결한다.

● [흐름] 10 번 반복하기 를 두 번 가져와 각각 '3', '10'으로 수정한다. [움직임] y 좌표를 10 만큼 바꾸기 를 가져와 '-5'로 x: 0 y: 0 위치로 이동하기 를 가져와 '-180', '100'으로 수정한 후 조립한다.

● 정수신호를 받았을 때 모양이 보이게 되고 떨어지는 코드이다. 세로축으로 -5만큼 떨어지는 동작을 30번 반복한 후 다시 원래 위치로 돌아오는 동작은 총 3번 반복하게 된다. 이때 x와 y의 좌푯값은 실행화면에서 이 오브젝트의 좌푯값과 동일하게 입력한다.

[오염 물방울2] 💧

[센서1 오브젝트]

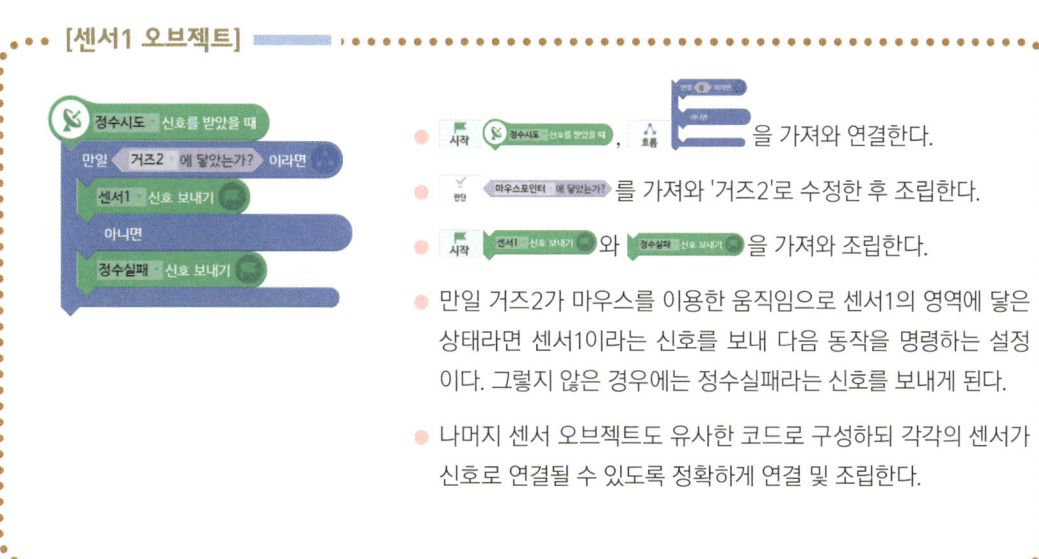

- 🏁 시작 , 정수시도 신호를 받았을 때 , ♦ 흐름 , 만일 아니면 을 가져와 연결한다.
- 👁 판단 마우스포인터 에 닿았는가? 를 가져와 '거즈2'로 수정한 후 조립한다.
- 🏁 시작 센서1 신호 보내기 와 정수실패 신호 보내기 을 가져와 조립한다.
- 만일 거즈2가 마우스를 이용한 움직임으로 센서1의 영역에 닿은 상태라면 센서1이라는 신호를 보내 다음 동작을 명령하는 설정이다. 그렇지 않은 경우에는 정수실패라는 신호를 보내게 된다.
- 나머지 센서 오브젝트도 유사한 코드로 구성하되 각각의 센서가 신호로 연결될 수 있도록 정확하게 연결 및 조립한다.

[센서2 오브젝트] [센서3 오브젝트] [센서4 오브젝트]

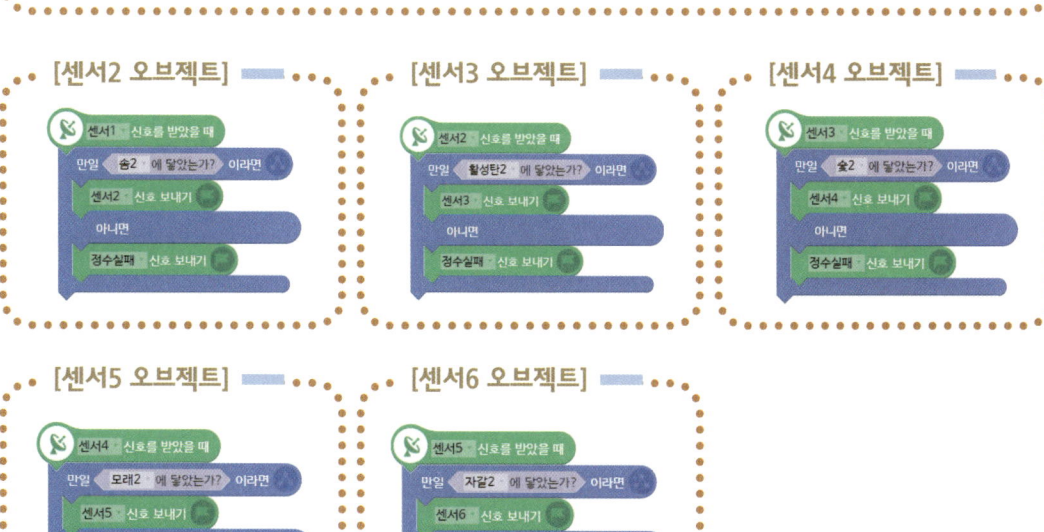

[센서5 오브젝트] [센서6 오브젝트]

167

[엔트리봇 오브젝트(3)] 🐻

```
정수실패 ▾ 신호를 받았을 때
1 초 기다리기
정수실패...다시 도전해 보세요. 을(를) 2 초 동안 말하기 ☢
```

- 🏁시작 🐻정수시도 신호를 받았을 때 , ⚙흐름 2 초 기다리기 를 가져와 연결하고 '1'로 수정한다.

- ⚙생김새 안녕! 을(를) 4 초 동안 말하기 을 가져와 연결하고 '정수실패...다시 도전해 보세요.'로 수정한다.

- 정수실패 신호를 받았을 때, 재도전의 대화상자를 나타내 주는 구성이다.

[물방울 오브젝트] 💧

```
▶ 시작하기 버튼을 클릭했을 때
모양 숨기기 ☢

📡 센서6 ▾ 신호를 받았을 때
0.5 초 기다리기
모양 보이기 ☢
정수성공 ▾ 신호 보내기
```

- 정수된 물을 나타내는 물방울 오브젝트는 숨겨져 있는 상태에서 센서6의 신호를 받았을 때, 모양을 보이게 된다. 다음 엔트리봇 오브젝트에 정수성공 신호를 보내게 된다.

[엔트리봇 오브젝트(4)] 🐻

- 엔트리봇의 네 번째 코드이다. 좌측 완성된 코드를 살펴보며 따라해 볼 수 있도록 한다.

- 이때 엔트리봇이 뛰는 모습을 표현한 값이나 반복 횟수는 나름 수정해볼 수 있도록 한다.

- 코드 맨 하단에 장면 2 ▾ 시작하기 을 연결하여 자동으로 장면 2로 전환될 수 있도록 구성한다.

[장면2 엔트리봇 오브젝트(5), 물방울 오브젝트]

● 장면2에서는 엔트리봇 오브젝트와 물방울 오브젝트가 좌측에서 우측으로 이동할 때 같은 간격으로 이동할 수 있도록 설정한다.

● 엔트리봇은 모양 바꾸기와 반복 및 기다리기를 통해 걷는 모양을 표현하고 이때 수정한 시간과 이동 거리 값, 기다리는 값을 동일하게 물방을 오브젝트에 입력해준다.

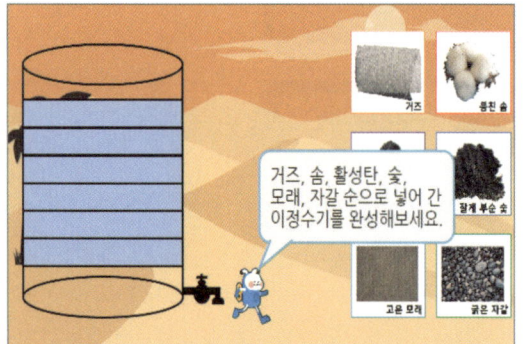

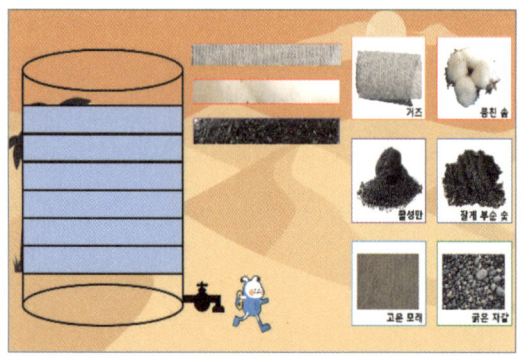
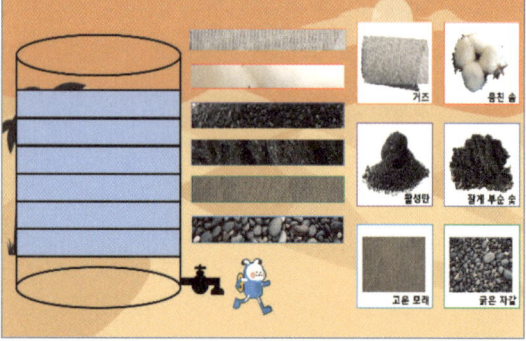

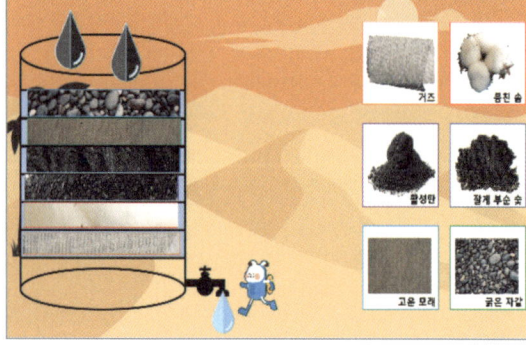

① 실행 시 실제 사진을 클릭했을 때 사라지고, 필터 이미지에 마우스 커서가 닿았을 때 사물의 이름이 나올 수 있도록 바꿔 봅시다.

② 거즈 두 번, 솜을 두 번 지나야 물이 정수될 수 있도록 바꿔 봅시다.

Chapter 17 전기를 아낄 수 있는 센서등

사람이 지나가면 켜지는 센서등을 만들어 봅시다.

이번 장에서 배울 엔트리 주요 내용은?
👉 조건 반복하기, 변수 주기 등

과제 확인하기

조건 반복하기

전기를 아끼기 위해 사람이 전등 근처에 있을 때만 불이 켜지는 것이 바로 센서등이다. 사람이 있을 때와 없을 때의 조건을 설정하기 위해 조건 반복하기 블록을 활용한다.

변수 주기

'13장'에서 나무 개수로 변수 주기를 간단하게 해보았다. 이번에는 전등 밑에 사람이 있고 없음을 변수를 통해 표현해본다.

알고리즘 설계하기

오브젝트 순서	엔트리봇		센서	전등
1	계속 반복 하기	오른 쪽으로 이동 하기	센서등을 0으로 정하기	센서등 변수 숨기기
2		다음 모양 바꾸기 (걷는 모양 표현)	계속 반복 하기 만일 엔트리봇이 닿으면 센서등을 1로 정하기	계속 반복 하기 만일 센서등이 1이라면 전등 켜지기
3		화면 끝에 닿으면 팅기기	아니면 센서등을 0으로 정하기	아니면 전등 꺼지기

코딩하기

[오브젝트 구성]

- 배경은 파란 방으로 선택한다.
- 엔트리봇은 위치하고 크기를 알맞게 조정한다.
- 전등은 물건 카테고리에서 선택합니다.
- 실제 센시등에서는 눈에 보이지 않는 적외선을 통해 사람이 있는지 없는지 판단하지만 여기서는 센서를 눈으로 확인할 수 있도록 만들려고 한다. 환경 카테고리에서 센서와 비슷한 오브젝트를 가져와서 각도를 조절하여 놓는다.

[엔트리봇 오브젝트]

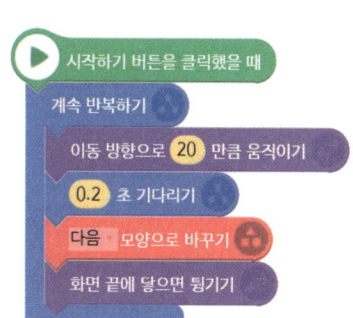

- 센서등이 작동하는 것을 확인하기 위해 엔트리봇을 좌우로 계속 이동하게 하려고 한다.
- 시작 ▶ 시작하기 버튼을 클릭했을 때 를 가져온 후 흐름 계속 반복하기 를 연결한다.
- 움직임 이동 방향으로 10 만큼 움직이기 를 가져온 후 숫자를 20으로 수정한다.
- 엔트리봇이 걷는 효과를 주기 위해 흐름 2 초 기다리기 를 연결하고 0.2로 설정한 후 생김새 다음 모양으로 바꾸기 , 움직임 화면 끝에 닿으면 팅기기 를 각각 연결한다.

175

[센서 오브젝트]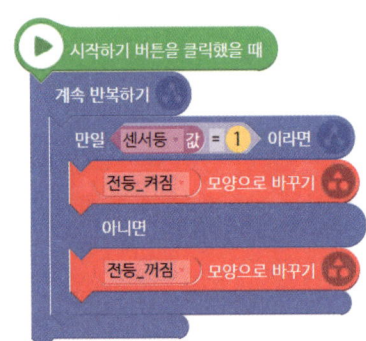

- 엔트리봇이 센서에 닿으면 '사람이 있다(1)', 닿지 않으면 '사람이 없다(0)'고 신호를 보내려고 한다.
- 13장 변수 만들기를 참고하여 센서등 변수를 만든다.
- ⬛시작 ▶시작하기 버튼을 클릭했을 때를 가져온 후 ❓자료 ⬛변수를 10로 정하기를 연결하여 변수는 '센서등', 숫자는 '1'로 설정한다.
- 🔺흐름 ⬛계속 반복하기, ⬛을 가져와 연결한다.
- 🟡판단 ⬛마우스포인터에 닿았는가?를 가져와 연결하여 엔트리봇으로 설정한다.
- ❓자료 ⬛변수를 10로 정하기를 연결한 후 변수는 가져와 조립한 후 역시 변수는 '센서등'으로, 숫자는 '0'으로 설정한다.

[전등 오브젝트]

- 센서가 주는 '0, 1' 신호에 따라 전등이 켜지거나 꺼지게 하려고 한다.
- ▶시작하기 버튼을 클릭했을 때를 가져온 후 🔺흐름 ⬛계속 반복하기, ⬛을 가져와 연결한다.
- 참 자리에 🟡판단 ⬛10 = 10을 가져와 연결한 후 ❓자료 ⬛변수값을 '센서등 값'으로 설정하고 숫자를 1로 수정한다.
- 🔻생김새 ⬛엔트리봇_걷기 모양으로 바꾸기를 두 번 가져와 연결한 후 1이면 켜짐 모양, 아니면 꺼짐 모양으로 설정한다.

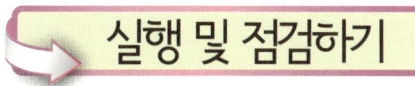

실행 및 점검하기

① 프로그램이 시작되면 센서등 창이 사라지도록 바꿔 봅시다.

② 엔트리봇이 지나간 후 전등이 10초 후에 꺼지도록 바꿔 봅시다.

③ 센서등에 변수를 이용하지 않고 신호 주고받기를 이
용하도록 바꿔 봅시다.

Chapter 18 신재생 에너지, 태양광 에너지를 모아요.

태양광 집열판으로 태양광 에너지를 모아 봅시다.

이번 장에서 배울 엔트리 주요 내용은?
👉 변수를 활용한 조건 만들기

과제 확인하기

생각 다듬기

변수를 활용한 조건 만들기

변수의 범위를 지정하여 조건을 만들고, 조건에 따라 오브젝트가 움직일 수 있도록 만들어 보자.

 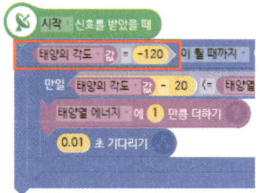

알고리즘 설계하기

순서 / 오브젝트	태양		태양광 집열판	
1	시작 신호를 받기		시작 신호를 받기	
2.1	태양의 각도가 −120°가 될 때까지 반복하기	태양의 각도에 −1만큼 더하기	태양의 각도가 −120°가 될 때까지 반복하기	만일 태양의 각도와 태양광 집열판 각도가 적절하다면
2.2		방향을 (태양의 각도)°로 정하기		태양광 에너지에 1만큼 더하기
2.3		0.01초 기다리기		0.01초 기다리기
3	끝 신호 보내기		←→를 눌렀을 때	
4			방향을 −7°(7°)만큼 회전하기	
5			태양광 집열판 각도에 −7(7)만큼 더하기	

181

코딩하기

[오브젝트 구성]

●  ＋ 오브젝트 추가하기 의 배경 오브젝트 중 들판(1), 햇님, 산(2), 태양광 집열판(교재에서 제공하는 이미지)를 가져온다.

● 엔트리봇은 가운데 하단에 크기를 조절하여 둔다.

● 태양광 집열판의 중심점은 엔트리봇 손 부근에, 태양 오브젝트의 중심점은 엔트리봇 위치로 옮긴다.

● 햇님은 오른쪽 가운데 부근에, 산은 왼쪽에 위치하게 한다.

[엔트리봇 오브젝트]

🗙	시작
🗙	끝
❓	태양열 집열판 각도
❓	태양열 에너지
❓	태양의 각도

● 이번에는 태양의 움직임에 따라 태양광 집열판을 회전시키면서 태양광 에너지를 모으는 프로그램을 만들려고 한다.

● 먼저 변수 및 신호를 추가해보자.

● 신호는 시작과 끝 신호를 주고받을 수 있도록 '시작', '끝'을 만든다.

● 변수는 '태양의 각도', '태양광 에너지', '태양광 집열판 각도'를 만들고 '태양광 에너지'만 변수를 보이게 설정한다.

● 프로그램 시작 전에 엔트리봇이 프로그램에 대한 설명을 할 수 있도록 설정하자

● 🏁 ▶시작하기 버튼을 클릭했을 때 을 가져온 후 🔺 안녕! 을(를) 4 초 동안 말하기 🔺 를 여러 개 연결한다.

● 말과 시간을 알맞게 설정하는데 '←를 누르면 집열판이 왼쪽으로 회전하고 →를 누르면 오른쪽으로 회전하는 것', '태양이 움직이는 각도에 따라 집열판을 회전시켜야 하는 것', '목표는 태양광 에너지를 50이상 모아야 하는 것'에 대한 설명을 꼭 넣도록 한다.

● 🔻 대상없음 신호 보내기 를 연결 후 '시작' 신호로 설정한다.

[햇님 오브젝트]

```
시작 신호를 받았을 때
  태양의 각도 값 = -120 이 될 때까지 반복하기
    태양의 각도 에 -1 만큼 더하기
    방향을 태양의 각도 값 (으)로 정하기
    0.01 초 기다리기
  끝 신호 보내기
```

● 태양이 오른쪽에서 왼쪽으로 원을 그리며 움직이도록 설정해보자.

● [시작] [태양일을 신호를 받았을 때]를 가져온 후 '시작' 신호로 설정한다.

● [흐름] [이 될 때까지 ～ 연결하기]를 연결한다. [판단] [10 = 10]을 가져와 참 자리에 넣은 후 한 쪽 숫자에는 [자료] [변수 값]을 '태양의 각도'로 설정하여 넣고 다른 곳은 '-120'을 넣는다.

※ 단, 여기서 각도는 태양의 위치에 따라 조금씩 다르게 적용할 수 있으니 코딩 완성 후 실행해보면서 종료 시 산 뒤에 태양이 위치하도록 숫자를 조절한다.

● [자료] [변수 에 10 만큼 더하기]를 연결 후 '태양의 각도', '-1'로 설정한다.

● [움직임] [방향을 90° 만큼 회전하기]를 연결 후 숫자 자리에 [변수 값]을 넣고 수정한다.

● 태양의 이동 속도를 조절하기 위해 [흐름] [2 초 기다리기]를 연결 후 0.01로 설정한다.

● [태상일을 신호 보내기]를 연결 후 '끝' 신호로 설정한다.

[태양광 집열판 오브젝트] ✏

```
오른쪽 화살표 키를 눌렀을 때
  방향을 7° 만큼 회전하기
  태양광 집열판 각도 에 7 만큼 더하기

왼쪽 화살표 키를 눌렀을 때
  방향을 -7° 만큼 회전하기
  태양광 집열판 각도 에 -7 만큼 더하기
```

● 태양광 집열판의 움직임을 설정한다.

● [시작]에서 [q키를 눌렀을 때]을 가져온 후 '→'로 설정한다.

● [움직임]의 [방향을 90° 만큼 회전하기]를 연결 후 '-7'로 설정하고 이어서 [자료]의 [변수 에 10 만큼 더하기]를 연결 후 '태양광 집열판 각도', '7'로 설정한다.

● 반대 방향도 블록 복사 후 알맞게 설정한다.

183

[태양광 집열판 오브젝트]

시작 신호를 받았을 때
태양의 각도 값 = -120 이 될 때까지 반복하기
만일 태양의 각도 값 - 20 〈= 태양광 집열판 각도 값 그리고 태양의 각도 값 + 20 〉= 태양광 집열판 각도 값 이라면
태양광 에너지 에 1 만큼 더하기
0.01 초 기다리기

● 태양의 움직임을 따라 태양광 집열판을 회전시키면 태양 에너지가 모이도록 하려고 한다. 이를 위해 태양의 각도와 집열판의 각도가 비슷할 때 태양 에너지 변수가 올라가도록 코딩한다.

● 시작 대상없음 신호를 받았을 때 를 가져온 후 '시작' 신호로 설정한다.

● 흐름 이 될 때까지 반복하기 를 연결 후 햇님 오브젝트와 같이 설정한다.

● 판단 만일 이라면 연결 후 참 자리에 판단 참 그리고 참 을 넣는다.

● 왼쪽 참 자리에는 10 〈= 10 을 넣고 왼쪽 숫자 자리에 계산 10 - 10 을 넣은 후 이 블록의 한 쪽 숫자자리에는 자료 변수 값 을 가져와 '태양의 각도'로 설정 후 넣고 다른 쪽 숫자는 20으로 설정한다. 이제 태양의 각도 값 - 20 〈= 10 의 오른쪽 숫자 자리에는 변수 값 을 '태양광 집열판 각도'로 설정하여 넣는다.

● 태양의 각도 값 - 20 〈= 태양광 집열판 각도 값 그리고 참 의 오른쪽 참 자리에는 왼쪽 참 자리에 넣었던 블록을 복사하여 붙여 넣은 후 '-20'을 '+20'으로, '〈='를 '〉='로 설정한다.

● 자료 변수 에 10 만큼 더하기 를 연결 후 '태양광 에너지'. '1'로 설정한다.

● 태양광 에너지가 너무 빨리 올라가지 않도록 2 초 기다리기 를 연결 후 '0.01'로 설정한다.

끝 신호를 받았을 때
모든 코드 멈추기

● 이제 태양이 산으로 넘어가면 종료하도록 설정한다.

● 시작 대상없음 신호를 받았을 때 를 가져온 후 '끝' 신호로 설정한다.

● 흐름 모든 코드 멈추기 를 연결한다.

 ① 배경에 좌우로 움직이는 구름 오브젝트를 추가해 봅시다.

 ② 태양광 에너지를 50 이상 모았는지에 따라 엔트리봇이 성공 혹은 실패했다는 의미의 말을 하도록 바꿔 봅시다.

③ 태양광 에너지의 목표를 200으로 설정하고 태양이 반복하여 이동하도록 만들어 봅시다.

Chapter 19 산성비를 피해요!

몸에 해로운 산성비를 피해 봅시다.

이번 장에서 배울 엔트리 주요 내용은?

👉 변수를 활용한 타이머, 오브젝트 복제하기 등

과제 확인하기

생각 다듬기

변수를 활용한 타이머

변수를 활용하면 타이머도 만들 수 있다. 이를 이용하여 시간제한이 있는 프로그램을 만들어 보자.

오브젝트 복사

오브젝트를 복사하면 동일한 블록 구성을 가진 같은 모양의 오브젝트를 추가할 수 있다. 이를 이용하여 다채로운 게임을 만들어 보자.

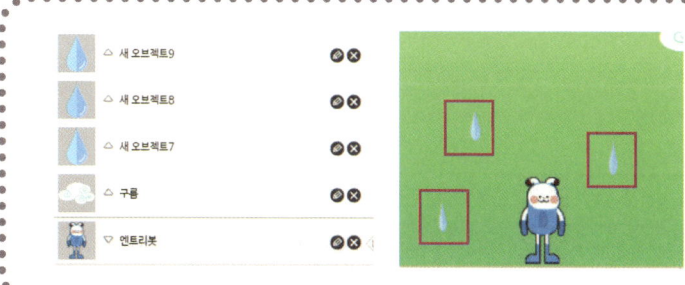

순서 \ 오브젝트	엔트리봇		구름		물방울
1			시작하기 버튼을 클릭했을 때		시작하기 버튼을 클릭했을 때
2.1			엔트리봇 에너지 3으로 정하기		모양 숨기기
2.2			시간을 30으로 정하기	계속 반복 하기	만일 엔트리봇에 닿으면 구름 위치로 이동하기
2.3			'시작합니다'를 말하기		엔트리봇 에너지에 −1 만큼 더하기
3			시작 신호 보내기		
4	시작 신호를 받았을 때		시작 신호를 받았을 때		시작 신호를 받았을 때
5.1	계속 반복 하기	← 를 누르면 왼쪽으로 이동하기	이동하기	계속 반복 하기	모양 보이기
5.2		→ 를 누르면 오른쪽으로 이동하기	화면 끝에 닿으면 팅기기		y 좌표를 −1만큼 바꾸기
6	1초 지날 때마다 시간 값을 −1씩 하기		엔트리봇 에너지가 0이 되면 끝 신호 보내기		만일 벽에 닿으면 구름 위치로 이동하기

코딩하기

[오브젝트 구성]

- 배경은 야외 배경 중 마음에 드는 걸로 설정한다. 여기서는 들판 중 하나를 선택하였다.
- 구름은 오브젝트 꾸러미 환경 중 자연에 있다. 하나만 추가한다.
- 물방울은 오브젝트 꾸러미 물건 중 기타에 있다. 역시 하나만 추가한다.
- 엔트리봇은 모양 추가를 통해 정면을 보는 모양으로 설정한 후 위치는 가운데로, 크기는 적절하게 조절한다.

[구름 오브젝트]

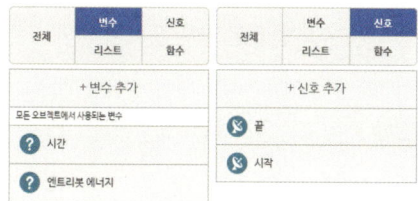

이번 프로그램은 엔트리봇이 구름에서 내리는 산성비 물방울을 피하는 게임을 만들어보려고 한다. 그러기 위해서는 제한시간과 엔트리봇 에너지가 필요하다.

블록 꾸러미 속성 탭에서 시간, 엔트리봇 에너지 변수를 추가한다.

게임 시작과 끝 신호도 신호탭에서 추가한다. 이러면 블록 조립 준비가 완료된다.

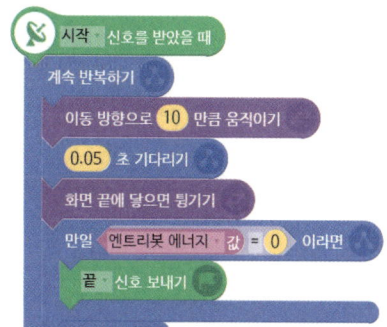

시작하기 버튼을 클릭했을 때 를 가져와 조립소에 놓고 변수를 10 로 정하기 를 두 개 가져와 연결한 후 시간은 30으로, 엔트리봇 에너지는 3으로 설정한다. 숫자는 여러분이 마음대로 바꿔도 된다.

안녕! 을(를) 4 초 동안 말하기 를 가져와 각각 '시작합니다', '2초'로 수정한다.

이제 대상없음 신호 보내기 를 가져와 '시작' 신호 보내기로 설정해주면 된다.

이제 구름을 계속 움직이게 해주자.

대상없음 신호를 받았을 때 를 가져온 후 '시작' 신호로 설정하고 계속 반복하기 를 연결한다.

이동 방향으로 10 만큼 움직이기 , 화면 끝에 닿으면 튕기기 를가져와 연결한다. 그리고 속도 조절을 위해 2 초 기다리기 를 연결 후 0.05초로 설정한다. 기다리는 시간에 따라 속도가 달라지니 참고하자.

만일 참이라면 을 연결한 후 에 10 = 10 을 참 자리에 넣고 변수 값 을 가져와 왼쪽 10에 끼운 후 엔트리봇 에너지 값으로 설정합니다. 오른쪽 숫자는 0으로 한다. 마지막으로 대상없음 신호 보내기 을 연결 후 '끝' 신호로 수정한다.

[엔트리봇 오브젝트]

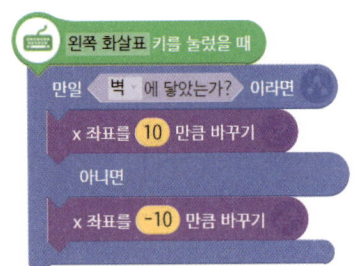

- 엔트리봇이 키보드 좌우 화살표 키를 누르면 해당 방향으로 움직이게 해보자. 이 때 주의할 점은 양쪽 끝 벽을 넘어서 가지 못하게 해야 한다는 것이다.

- 시작 에서 q키를 눌렀을 때 를 가져와 ←로 키를 설정한다.

- 흐름 의 만일을 가져다 연결하고 참 자리에 판단 의 마우스포인터 에 닿았는가? 를 연결한 후 '벽'으로 수정한다.

- 움직임 에서 x좌표를 10 만큼 바꾸기 2개 가져와 각각 연결하고 아래에는 숫자를 –10으로 설정한다. 이렇게 하면 벽을 넘어가지 않고 멈추게 된다.

- 오른쪽 움직임 설정도 이와 비슷하게 하되 화살표 키와 좌표의 설정만 반대로 하면 된다.

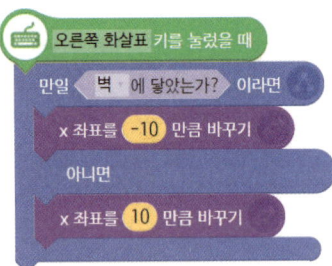

- 시작 대상없음 신호를 받았을 때 와 계속 반복하기 를 가져와서 연결 후 '시작' 신호로 설정한다.

- 흐름 의 만일을 연결 후 판단 에서 10 = 10 을 참 자리에 연결, 왼쪽 10은 자료 의 변수 값으로, 오른쪽 10은 0으로 수정한다.

- 자료 에서 변수 를 10 로 정하기 를 가져와 변수를 시간으로, 숫자를 –1로 설정하고 흐름 에서 2 초 기다리기 를 가져와 연결하여 1초마다 시간이 1씩 줄어들게 한다.

- 시작 의 대상없음 신호 보내기 를 가져와 '아니면' 아래에 연결 후 '끝' 신호로 수정한다.

[물방울 오브젝트]

- 물방울은 구름에서 출발해서 아래로 떨어지도록 설정해야 한다. 그러다가 엔트리봇이나 땅에 떨어지면 다시 구름으로 이동하여 떨어지게 한다. 또한, 엔트리봇에 닿았을 땐 에너지를 1이 줄어들게 설정해야 한다.

- 먼저 시작하기 버튼을 클릭했을 때 를 가져온 후 움직임 에서 엔트리봇 위치로 이동하기 를 연결하여 수정한다.

- 생김새 모양 숨기기 를 연결한다. 이제 시작하면 비가 구름위치로 보이지 않게 이동할 것이다.

- 물방울이 구름에서 떨어지는 블록을 조립해보도록 하자.
- 먼저 [시작 대상없을 신호를 받았을 때] 를 가져와 수정하고 [계속 반복하기] 를 연결한다.
- [생김새 모양 숨기기], [움직임 y 좌표를 10 만큼 바꾸기] 를 가져와 연결한 후 y 좌표를 수정한다.
- [만일 ▲ 이라면] 을 연결하고 참에 [판단 마우스포인터 에 닿았는가?] 를 연결하여 수정한 후 [움직임 엔트리봇 위치로 이동하기] 연결, 수정한다.
- 그 아래에 [만일 ▲ 이라면] 을 연결하고 참에 [마우스포인터 에 닿았는가?] 를 연결한 후 수정한다. 그리고 [움직임 엔트리봇 위치로 이동하기] 연결 후 수정하고 [자료 변수 에 10 만큼 더하기] 를 연결 후 수정한다.

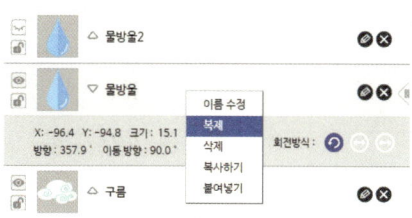

- 물방울을 여러 개 만들어 게임을 더욱 스릴있게 만들어 보자.
- 물방울 오브젝트에 마우스 커서를 댄 후 오른쪽 버튼을 클릭하면 메뉴가 나온다.
- 복제를 선택하면 물방울 오브젝트가 하나 복제된다. 조립된 블록까지 그대로 복제가 되니 굉장히 편리한 기능이다. 꼭 기억하자.

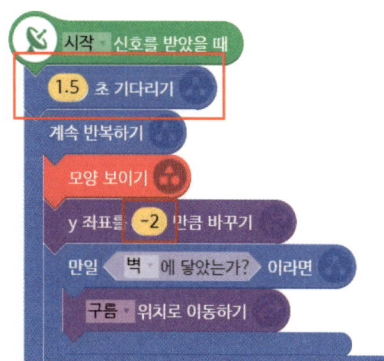

- 그런데 이대로 게임을 시작하면 모든 물방울이 똑같이 떨어지게 되니 시간과 속도의 차이를 주도록 한다.
- 시간차를 두기 위해 복제된 물방울 오브젝트의 조립된 블록 중에서 [시작 신호를 받았을 때] 아래에 [흐름 2 초 기다리기] 를 연결한 후 시간을 알맞게 설정한다.
- 속도차를 두기 위해 [y 좌표를 −4 만큼 바꾸기]의 숫자를 알맞게 설정한다.
- 다른 물방울을 또 복제하더라도 같은 방법으로 고쳐 준다.

- 이제 끝을 설정한다. 아무 물방울 오브젝트 블록 조립소에 [시작 대상없을 신호를 받았을 때] 를 가져와 '끝' 신호로 설정하고 [흐름 모든 코드 멈추기] 를 연결한다.

① 게임이 끝나면 엔트리봇이 "다시 도전해 보세요."를 말하도록 바꿔 봅시다.

② 구름을 3개로 만들어 각 구름마다 물방울이 떨어지도록 바꿔 봅시다.

③ 게임이 끝나면 엔트리봇이 멈추도록 만들어 봅시다.

Chapter ⑳ 엔트리봇과 친환경 에너지를 만들어요

엔트리봇으로 에너지를 충전하여 가전제품을 하나씩 작동해 봅시다.

이번 장에서 배울 엔트리 주요 내용은?
☞ 변수에 따른 조건 설정하기 등

과제 확인하기

생각 다듬기

변수 크기에 따른 조건 설정하기

변수 크기에 따라 조건을 설정하여 신호를 보내면 크기에 따른 다양한 동작을 표현할 수 있습니다. 이를 활용해봅시다.

알고리즘 설계하기

순서	엔트리봇		가전제품
1	전기에너지를 0으로 정하기		
2	게임에 대한 설명하기		
3	시작신호 보내기		
4	계속 반복 하기	전기에너지 값>100이라면 전기에너지1 신호 보내기	전기에너지(1~4) 신호를 받았을 때 가전제품이 켜진 모양으로 바꾸기
		전기에너지 값>200이라면 전기에너지2 신호 보내기	
		전기에너지 값>300이라면 전기에너지3 신호 보내기	
		전기에너지 값>400이라면 전기에너지4 신호 보낸 후 반복 중단하기	

순서 오브젝트	엔트리봇	가전제품
1	시작신호 받기	
2	계속 반복하기	만일 →를 누르면 엔트리봇 걷기1 모양으로 바꾸고 전기에너지에 3 만큼 더하기	
3		만일 ←를 누르면 엔트리봇 걷기2 모양으로 바꾸고 전기에너지에 3 만큼 더하기	
	전기에너지 4 신호를 받았을 때 모두 멈추기	

코딩하기

[오브젝트 구성]

- 배경은 적절히 꾸민다. 여기서는 초록 방에 책상, 창문 등을 추가하여 방을 꾸몄다.

- 가전제품은 전등, 모니터, 히터, 텔레비전 등을 놓았다. 역시 이 부분도 좋아하는 가전제품으로 넣어도 된다. 단, 전기가 들어오는 것을 눈으로 확인할 수 있도록 제품이 켜진 모양도 있는 오브젝트를 선택하는 것이 좋으며 배치할 때에는 꺼진 모양으로 설정하여 놓는다.

[엔트리봇 오브젝트]

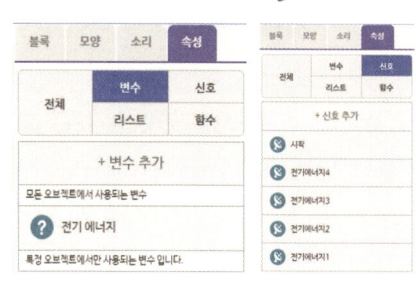

- 마치 자전거 페달을 밟아 전기를 만드는 것처럼 엔트리봇이 달리면 전기에너지가 만들어지는 프로그램을 만들려고 한다.

- 먼저 전기에너지 변수를 추가한다.

- 다음으로 신호를 추가한다. 시작, 전기에너지1~4까지 신호를 추가한다. 전기에너지 신호는 가전제품 수와 같게 만들면 되는데 여기서는 4개의 가전제품이 있으므로 전기에너지 신호도 4개를 추가하였다.

[엔트리봇 오브젝트] 🏃

- 엔트리봇이 만든 전기가 일정량 만들어질 때마다 가전제품을 하나씩 켜는 것을 만들어야한다. 여기서는 켜는 신호를 보내는 것으로 한다.

- ▶ 시작하기 버튼을 클릭했을 때 를 가져온다.

- 게임에 대한 설명도 간단히 해보자. 🔧 안녕! 을(를) 4 초 동안 말하기 🔧 를 두 개 가져온 후 적절하게 수정한다.

- 시작 대상없음 신호 보내기 를 연결한 후 시작 신호로 설정한다.

- 이제 전기에너지 신호를 보내는 블록을 구성해보자. 🔧 흐름 계속 반복하기 블록을 연결한다.

- 만일 이라면 을 4개 연결한 후 참 자리에 🔧 판단 10 > 10 을 넣고 변수 값 을 가져와 변수를 '전기에너지' 설정, 왼쪽에 연결한다. 오른쪽 숫자는 100으로 고친다. 그리고 대상없음 신호 보내기 를 연결한 후 '전기에너지1' 신호로 수정한다.

- 마찬가지로 전기에너지 값과 숫자를 수정한 후 반복 중단하기 를 연결한다.

- 자전거 페달로 전기를 만들 때 잠시 쉬면 전기에너지도 감소하는 것처럼 화살표를 누르지 않으면 전기에너지가 감소하는 효과를 넣어보자. [전기에너지4 신호보내기] 블록 아래에 2 초 기다리기 과 변수 에 10 만큼 더하기 연결 후 '1초', [전기에너지에 -10만큼 더하기]로 수정한다.

- 이제 엔트리봇의 동작을 만들어보자.

- 🏃 대상없음 신호를 받았을 때 를 가져와 '시작' 신호로 설정 하고 계속 반복하기 를 연결한다.

- 만일 이라면 을 연결, 🔧 판단 q 키가 눌러져 있는가? 를 연결 후 '→'로 키를 설정한다.

- 생김새 엔트리봇_걷기1 모양으로 바꾸기 🔧 를 연결 후 '엔트리봇_걷기2'로 설정한다.

- ❓ 자료 변수 에 10 만큼 더하기 연결 후 변수는 '전기에너지'로, 숫자는 3으로 설정한다. 너무 빨리 전기가 생성되는 것을 막기 위해 2 초 기다리기 를 가져와 '0.01'로 설정한다.

- 위에서 만든 '만일 오른쪽 화살표~~' 블록들을 복제한 후 아래에 조립하고 '왼쪽 화살표', '엔트리봇_걷기1' 등으로 변경해준다.

[엔트리봇 오브젝트]

- 프로그램이 끝난 것도 표시해보자.
- ` 대상없음 신호를 받았을 때 `를 가져와 '전기에너지4' 신호로 설정한다.
- 신호를 받은 후 마지막 가전제품이 켜지는 여유를 두기 위해 ` 2 초 기다리기 `를 연결한다.
- ` 생김새 안녕! 을(를) 4 초 동안 말하기 `를 연결한 후 엔트리봇이 끝내는 말을 알맞게 넣는다.
- 마지막으로 ` 흐름 모든 · 코드 멈추기 `를 연결한다.

[가전제품 오브젝트]

- 신호를 받으면 켜지는 모양으로 바뀌도록 설정해보자.
- 가전제품 중 가장 먼저 켤 오브젝트를 선택한다. 여기서는 전등을 가장 먼저 켜보도록 하겠다. ` 대상없음 신호 보내기 `, ` 엔트리봇_걸기1 모양으로 바꾸기 `를 가져와 블록 조립소에 놓고 '전기에너지1' 신호로 설정하고 모양도 '전등_켜짐'으로 수정한다.
- 각 가전제품 오브젝트마다 위와 같이 블록을 조립한 후 '전기에너지2~4' 신호로 적절하게 수정하면 완성이다.

① 전기에너지가 감소하면 해당하는 가전제품도 꺼지도록 바꿔 봅시다.

② 발판을 2개 추가하여 넣고, 발판을 번갈아 밟으면 전기에너지가 생성되도록 바꿔 봅시다.

응용하기 예시답안

Chapter ⑬ ① 나무를 10개 심으면 '나무 개수'를 나타내는 창이 없어지도록 바꿔 봅시다.

- 엔트리봇 오브젝트에 해당하는 블록 조립소에서 블록을 구성한다.
- 시작 에서 대상없음 신호를 받았을 때 를 가져와 블록 조립소에 놓고 '나무 심기 끝' 신호를 받았을 때로 설정한다.
- 자료 변수 답수 숨기기 를 연결 후 '나무 개수'로 설정한다.

Chapter ⑬ ② Space Bar 를 눌렀을 때 나무가 심어지는 것으로 바꿔 봅시다.

- 나무 오브젝트에 해당하는 블록 조립소에서 블록을 수정한다.
- 마우스를 클릭했을 때 블록 대신 q키를 눌렀을 때 를 연결한 후 'Space Bar' 키로 설정한다.

Chapter ⑬ ③ 프로그램 중 엔트리봇이 걷는 듯이 움직이는 효과를 넣어 봅시다.

- 엔트리봇 오브젝트에 해당하는 블록 조립소에서 블록을 구성한다.
- 시작 에서 시작하기 버튼을 클릭했을 때 를 가져온 후 흐름 의 계속 반복하기 를 연결한다.
- 생김새 의 다음 모양으로 바꾸기 , 흐름 의 2 초 기다리기 를 2개씩 가져와 각각 연결 후 시간을 0.5초로 설정한다.

Chapter ⑬ ④ 나무를 10개 심으면 여러 군데에서 꽃이 나타나도록 바꿔 봅시다.

- 오브젝트에 중 꽃을 선택하여 마음에 드는 곳에 여러 개 놓는다.

- 프로그램이 시작하면 안보이게 한 후 나무를 다 심으면 하나씩 나타나게 하려고 한다.

- 시작 에서 시작하기 버튼을 클릭했을 때 , 생김새 의 모양 숨기기 를 가져와 연결한다.

- 계속해서 시작 에서 대상없음 신호를 받았을 때 를 가져온 후 '나무 심기 끝' 신호로 설정하고 생김새 의 모양 보이기 를 연결한다.

- 다른 꽃 오브젝트도 거의 비슷하나 [나무 심기 끝 신호를 받았을 때] 아래에 흐름 의 2 초 기다리기 를 연결한 후 시간을 0.5초로 설정한다.

Chapter 14 ① 점수가 100점씩 추가되도록 바꿔 봅시다.

- 기존에는 오브젝트를 클릭 했을 때, 10점씩 추가하게 설정되어 있었다. 이를 100점씩 추가시키기 위해서는 점수 에 10 만큼 더하기 에서 '100'으로 수정하면 된다.

- 하나의 오브젝트를 코딩한 후 '코드복사', 다른 오브젝트의 [블록조립소]에서 '붙여넣기'를 활용한다.

Chapter 14 ② 잘못 클릭했을 경우, 감점되도록 바꿔 봅시다.

오브젝트를 클릭했을 때
점수 에 -100 만큼 더하기
다시 생각해보세요! 을(를) 1 초 동안 말하기

- 짚단, 블로콜리와 같이 오염물질이 아닌 오브젝트를 클릭 했을 경우, 점수가 감소되도록 하기 위해 자료 점수 에 10 만큼 더하기 을 가져와 '-100'으로 수정한다.

- 더하기지만 값을 빼기로 입력하였기 때문에 감소로 계산되어 진다.

Chapter ⑭ ③ 엔트리봇의 움직임과 대화가 종료된 후 오브젝트 클릭이 실행될 수 있도록 바꿔 봅시다.

- 다양한 방법 중 '장면 전환'을 이용해본다. 지금까지는 하나의 장면에서 실행되었지만 경우에 따라 여러 장면이 필요할 수 있다.

- 실행화면 상단을 마우스 우 클릭하여 '복제하기'를 선택한다.

- 엔트리봇의 기존 블록 하단에 [시작 다음 장면 시작하기] 를 연결한다.

- 첫 번째 실행화면에서 엔트리봇을 제외한 나머지 오브젝트들의 블록을 삭제한다.

- 두 번째 실행화면에서 엔트리봇 오브젝트를 삭제한다.

- 첫 번째 실행화면에서 엔트리봇의 움직임 및 대화와 나머지 오브젝트들의 이미지만 나오지만, 화면 전환 이후, 코딩된 오브젝트들이 나오면서 클릭이 가능해진다.

Chapter ⑮ ① 올바르게 분리배출 했을 때 박수갈채 소리가 나오도록 바꿔 봅시다.

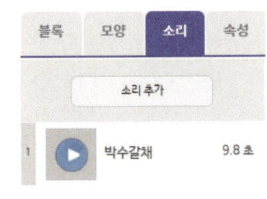

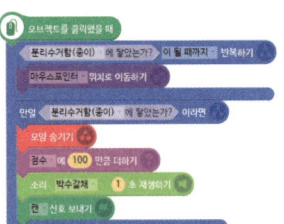

- 먼저 [소리] 탭에서 '소리 추가'를 클릭 한 후, '박수갈채'를 가져온다. 그리고 점수 추가도 '100'으로 수정해본다.

- [소리 박수갈채 1 초 재생하기] 를 가져와 위의 예시와 같이 다른 오브젝트에도 조립한다.

- '코드복사', '붙여넣기'를 하는 경우 이전 오브젝트에서 추가된 소리가 다른 오브젝트에 복사되지 않기 때문에 반드시 오브젝트마다 소리 추가를 해줘야 한다.

Chapter 15 ② 알맞은 분리수거함에 닿았을 때 '참 잘했어요.'가 나오도록 바꿔 봅시다.

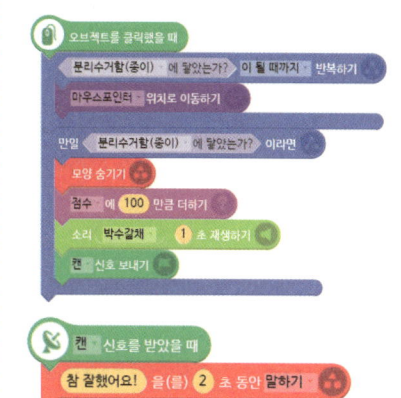

- 좌측은 기존 설정한 신문지묶음의 코드이고, 우측은 분리수거함(종이)에 새로 설정한 코드이다.
- 신문지묶음이 분리수거함(종이)에 닿았을 때 캔 신호를 보내는 구조로 되어 있기 때문에, 이 캔 신호를 분리수거함(종이) 오브젝트에서 받아 '참 잘했어요!'라는 대화상자를 나타낼 수 있도록 설정한다.
- 각각의 신호를 받았을 때, 그 신호를 해당 분리수거함에서 받아 대화상자를 나타낼 수 있도록 나머지 오브젝트도 설정한다.

Chapter 15 ③ 일반 쓰레기와 일반 쓰레기통을 추가시켜 구성해 봅시다.

- 쓰레기통, 골대(3), 크레파스 오브젝트를 추가하여 위치 및 크기를 설정한다.
- [속성] 탭에서 신호를 두 개 추가한다.
- 골대, 크레파스 오브젝트에 다른 오브젝트의 코드를 복사하여 붙여 넣은 후 실행 순서에 맞게 신호를 수정하여 준다.
- 신호를 보냈을 때, 해당 분리수거함에서 받아 대화상자를 나타낼 수 있도록 설정해준다.

Chapter 16 ① 실행 시 실제 사진을 클릭했을 때 사라지고, 필터 이미지에 마우스 커서가 닿았을 때 사물의 이름이 나올 수 있도록 바꿔 봅시다.

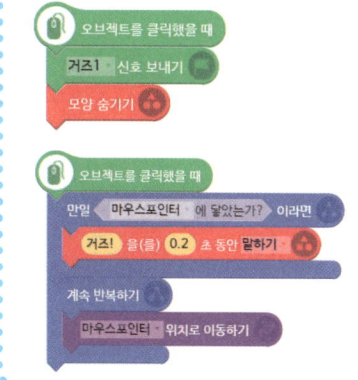

- 거즈1 오브젝트에 [모양 숨기기]를 가져와 연결한다.
- 거즈2 오브젝트에 [만일 ~이라면], [마우스포인터 에 닿았는가?], [거즈1 을(를) 0.2 초 동안 말하기]을 연결한다.
- 나머지 오브젝트와 이와 같은 코드로 구성한다.

207

오브젝트 변경 및 추가

● 8칸짜리 정수기와 센서를 두 개 추가한다.

거즈2 오브젝트

솜2 오브젝트

● 거즈2의 복제본을 만들어서 실행화면에서 거즈가 두 개 겹쳐지게 나온다.

● 솜2 오브젝트도 유사하게 구성하되 이번에는 자신의 복제본 만들기로 수정해 본다.

센서7 오브젝트

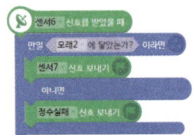

센서8 오브젝트

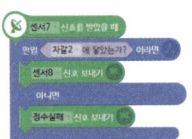

● 신호7, 신호8을 추가하여 센서7과 센서8을 코딩할 때 활용한다.

물방울 오브젝트

● '센서6'을 '센서8'로 수정해서 8개의 센서를 모두 거쳤을 때 정수성공 메시지를 보낼 수 있도록 설정한다.

엔트리봇 오브젝트

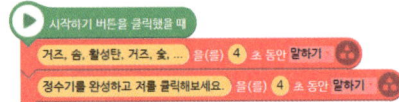

● '거즈, 솜, 활성탄, 거즈, 숯, 솜, 모래, 자갈 순으로 넣어 간이정수기를 완성해보세요.'로 수정해서 프로그램 활동 안내를 변경한다.

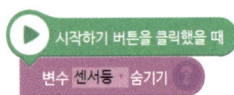

● 시작하기 버튼을 클릭했을 때 와 자료 의 변수 값 숨기기 연결한 후 변수를 센서등으로 설정하면 된다.

② 엔트리봇이 지나간 후 전등이 10초 후에 꺼지도록 바꿔 봅시다.

- 보통 센서등은 사람이 지나간 후 일정 시간이 지나면 꺼지게 된다. 그렇게 하려면 어떻게 해야할까? 알고보면 참 간단하다.
- 전등 오브젝트의 블록 조립소의 블록들 중 [전등 켜짐 모양으로 바꾸기] 블록 아래에 ⬛ 2 초 기다리기 를 연결 후 10초로 설정한다.
- 현재 프로그램 상으로는 엔트리봇이 계속 왔다 갔다하기 때문에 제대로 바꿨는지 확인할 수 없다. 이를 확인하려면 엔트리봇 오브젝트 블록 중 [화면 끝에 닿으면 튕기기] 블록을 삭제하면 된다. 실제로 어떤 결과가 나올 지는 여러분들이 직접 하면서 확인해 보자.

③ 센서등에 변수를 이용하지 않고 신호 주고받기를 이용하도록 바꿔 봅시다.

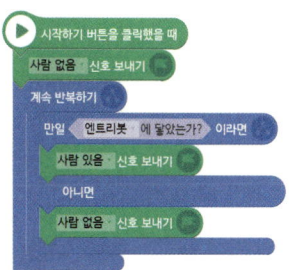

- 속성 탭에서 신호를 2개 추가한다. 여기서는 [사람 없음], [사람 있음] 으로 추가해보았다.
- 먼저 센서 블록 조립소에서 블록을 구성한다.
- ▶ 시작하기 버튼을 클릭했을 때 아래 대상없음 신호 보내기 를 조립한다.
- [만일 엔트리봇에 닿았는가]라면 [사람 있음 신호 보내기], 아니면 [사람 없음 신호보내기]로 설정될 수 있도록 블록을 조립한다. 이렇게 설정하면 엔트리봇이 있을 때와 없을 때 각각 해당하는 신호를 전등에 보내게 된다.엔트리봇 오브젝트 블록 중 [화면 끝에 닿으면 튕기기] 블록을 삭제하면 된다. 실제로 어떤 결과가 나올 지는 여러분들이 직접 하면서 확인해 보자.

- 이제 신호에 따라 전등이 작동하게 해보자. 전등 오브젝트의 블록 조립소를 연다.
- 시작 대상없음 신호를 받았을 때 를 두 개 가져와 '사람 없음 신호를 받았을 때', '사람 있음 신호를 받았을 때' 로 설정한다.
- 이제 생김새 엔트리봇_걷기1 모양으로 바꾸기 를 역시 2개 가져와 연결한 후 각각 [전등 꺼짐 모양으로 바꾸기], [전등 켜짐 모양으로 바꾸기]로 설정한다.

Chapter 18

① 배경에 좌우로 움직이는 구름 오브젝트를 추가해 봅시다.

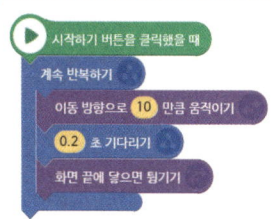

- 엔트리봇 오브젝트에 해당하는 블록 조립소에서 블록을 구성한다.
- 시작 에서 ▶ 시작하기 버튼을 클릭했을 때 를 가져와 블록 조립소에 놓고 흐름 의 계속 반복하기 , 움직임 의 이동 방향으로 10 만큼 움직이기 를 가져와 조립한다. 이후 흐름 에 2 초 기다리기 를 가져와 '0.2초' 설정, 움직임 의 화면 끝에 닿으면 튕기기 를 조립한다.
- 구름의 속도를 조절하고자 할 때에는 숫자를 적절히 설정한다.

② 태양광 에너지를 50이상 모았는지에 따라 엔트리봇이 성공 혹은 실패했다는 의미의 말을 하도록 바꿔 봅시다.

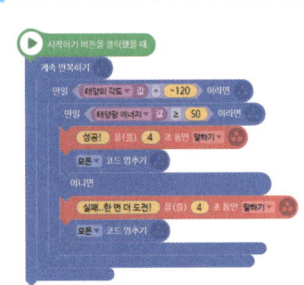

- 시작 의 ▶ 시작하기 버튼을 클릭했을 때 을 가져온 후 흐름 의 계속 반복하기, 만일 ~ 이라면, 을 가져와 조립한다.

- 자료 에서 태양광 집열판 각도▼ 값를 2개, 판단 의 10 = 10 와 10 >= 10 를 가져와 그림과 같이 조립하고 안녕! 을(를) 4 초 동안 말하기 를 2개 가져와 각각 성공, 실패 문구를 넣은 후 흐름 의 모든 코드 멈추기 를 각각 넣는다.

③ 태양광 에너지의 목표를 200으로 설정하고, 태양이 반복하여 이동하도록 만들어 봅시다.

- 태양광 집열판 블록조립소에 시작 에서 ▶ 시작하기 버튼을 클릭했을 때 를 가져온 후 흐름 의 ~ 이 될 때까지 반복하기, 만일 ~ 이라면 를 연결한다.

- 자료 에서 태양광 집열판 각도▼ 값를 1개를 가져와 '태양광 에너지 값'으로 설정하고 판단 의 10 = 10 을 가져와 '태양광 에너지 값=200'으로 설정, 그림과 같이 조립한다.

- 판단 의 참 그리고 참 을 가져와 10 <= 10 , 10 >= 10 을 조립하고 이후 만일 ~ 이라면 의 '참' 자리에 조립한다. 이후 계산 의 10 - 10 , 10 + 10 와 태양광 집열판 각도▼ 값 2개를 조립하여 '태양의 각도 값-20', '태양의 각도 값+20'으로 설정한 후 10 <= 10 , 10 >= 10 자리에 각각 넣고 오른쪽에는 태양광 집열판 각도▼ 값을 2개 가져와 각각 넣는다. 만약 태양광 에너지를 더 잘 모이게 하려면 숫자를 더 크게, 반대라면 더 작게 설정한다.

- 자료 에서 태양광 집열판 각도▼ 에 10 만큼 더하기 를 가져와 '태양광 에너지에 1만큼 더하기', 흐름 에 2 초 기다리기 를 '0.01'로 설정한다. 만약 에너지를 빨리 모이게 하려면 시간을 더 적게, 반대라면 더 크게 설정한다.

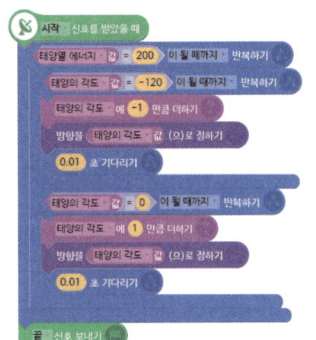

- 태양 블록조립소에 시작 ▶ 시작하기 버튼을 클릭했을 때 , 흐름 이 될 때까지 반복하기 3개를 가져와 조립 후 태양광 집열판 각도▼ 값 와 10 = 10 각각 3개를 가져와 그림과 같이 설정한다.

- 자료 의 태양광 집열판 각도▼ 에 10 만큼 더하기 2개를 가져와 그림과 같이 설정, 조립 후 움직임 의 방향을 90° (으)로 정하기 와 태양광 집열판 각도▼ 값 2개씩 가져와 그림과 같이 설정한다.

- 2 초 기다리기 2개를 가져와 '0.01'로 설정하여 조립 후 시작▼ 신호 보내기 를 가져와 '끝 신호 보내기'로 설정한다.

① 게임이 끝나면 엔트리봇이 "다시 도전해 보세요."를 말하도록 바꿔 봅시다.

● 첫 번째 응용과제는 매우 쉽다. 엔트리봇 오브젝트에 를 가져온 후 '끝' 신호로 설정, 을 연결 후 '끝 났습니다!'로 설정하면 된다.

Chapter 19 ② 구름을 3개로 만들어 각 구름마다 물방울이 떨어지도록 바꿔 봅시다.

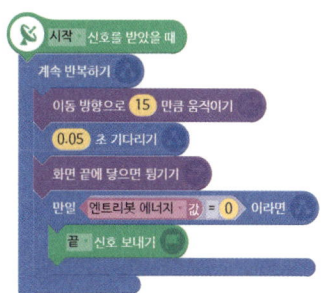

● 먼저 구름 오브젝트를 복제해준다.

● 에너지, 시간 설정에 대한 오브젝트는 필요없으니 삭제한다.

● 그대로 시작하면 두 구름이 겹친다. 속도차를 주기 위해 [이동방향으 로 10만큼 움직이기] 블록의 숫자를 수정한다.

● 복제된 구름 오브젝트도 마우스로 위치를 바꿔준다. 이러면 서로 다 른 구름이 다른 속도로 움직이게 된다.

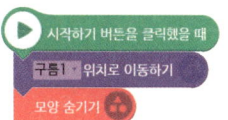

● 물방울 오브젝트에서 [구름 위치로 이동하기] 블록의 구름을 복제된 구름으로 지정해주면 해당하는 구름에서 물방울이 떨어지게 된다. 이러한 방법으로 물방울마다 다른 구름에서 떨어지도록 바꿔 보자.

Chapter 19 ③ 게임이 끝나면 엔트리봇이 멈추도록 만들어 봅시다.

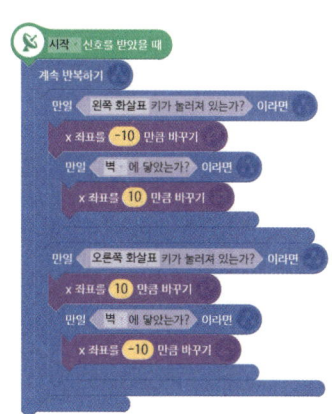

● 게임이 끝나도 엔트리봇이 계속 움직이는 이유는 바로 '화살표를 눌렀 을 때 움직이도록' 설정했기 때문이다. 따라서 시작 신호를 받았을 때 이후로 움직이도록 설정을 바꿔주면 된다.

● 엔트리봇 오브젝트 블록 조립소에서 블록을 구성한다. 를 가져온 후 '시작' 신호로 설정하고 를 연결한다.

● 을 놓고 참에 q 키가 눌러져 있는가? 를 연결한 후 왼쪽 화살표로 설정한다. 그리고 아래에는 x 좌표를 10 만큼 바꾸기 를 가져와 연결한 후 −10으로 설정한다.

● 이렇게만 하면 벽 속으로 들어가기 때문에 을 조립하 고 참에 마우스포인터 에 닿았는가? 를 연결하고 '벽'으로 설정한 후 x 좌표를 10 만큼 바꾸기 블록을 연결한다.

● 아래도 위와 동일하게 블록을 조립하며 키는 오른쪽 화살표로, 좌표 는 각각 10, −10으로 고치면 된다.

Chapter 20 ① 전기에너지가 감소하면 해당하는 가전제품도 꺼지도록 바꿔 봅시다.

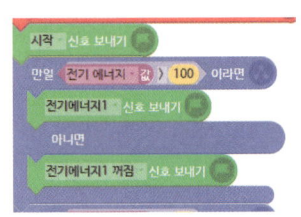

● 이 경우에는 ▤ 을 활용한다. '전기에너지1 꺼짐' 신호를 만든 후 [만일 전기에너지 값>100이라면] [전기에너지1 신호 보내기], [아니면 전기에너지1 꺼짐 신호 보내기]로 설정, 연결한다.

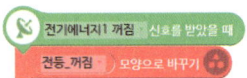

● 다음으로 해당하는 오브젝트 블록 조립소에 [전기에너지1 꺼짐 신호를 받았을 때], [~~ 꺼짐 모양으로 바꾸기]를 연결해놓으면 완성이다.

Chapter 20 ② 발판을 2개 추가하여 넣고, 발판을 번갈아 밟으면 전기에너지가 생성되도록 바꿔 봅시다.

● 일단 발판 오브젝트부터 추가해보자. 오브젝트 카데고리 중 인터페이스에서 알맞은 모양을 골라 2개 추가한다. 여기서는 체크박스로 추가하였다. 추가한 후 알맞게 배치한다.

● 엔트리봇의 중심점(빨간색 동그라미 부분)을 아래로 이동시킨다.

● 이제 엔트리봇 오브젝트 블록을 변경한다.

● [엔트리봇 걷기1(2) 모양으로 바꾸기] 블록을 [체크상자(1) 위치로 이동하기] 블록으로 바꿔주면 된다. 이제 실행해 보자.

Part 3 엔트리봇
더 넓은 세계로

피지컬 컴퓨팅(Physical Computing)이란 디지털 신호를 기반으로 물리적인 방법으로 정보(신호)를 주고받는 것을 의미한다.

Chapter 21 메이키메이키로 점묘화를 그려보자.

메이키메이키에 대해 알아보고 점묘화를 그려봅시다.

이번 장에서 배울 엔트리 주요 내용은?

👉 피지컬 컴퓨팅의 정의 및 도구, 메이키메이키의 주요 기능 및 연결하기 등

과제 확인하기

피지컬 컴퓨팅(Physical Computing)이란?

피지컬 컴퓨팅이란 디지털 신호를 기반으로 물리적인 방법으로 정보(신호)를 주고받는 것을 의미한다. 즉, 키보드나 마우스의 입력장치에서 벗어나 디지털화된 신호를 물리적인 장치 등을 통해 정보를 입력하고 외부로 출력하는 형태를 피지컬 컴퓨팅이라 할 수 있다.

현실 세계와 컴퓨터 프로그램간 상호작용을 할 수 있고, 컴퓨터 프로그램에서 현실세계에 변화를 주는 방법과 현실 세계에서 센서를 통해 컴퓨터 프로그램에 변화를 주는 방법이 있다.

피지컬 컴퓨팅 도구에는 코블, 아두이노, 메이키메이키, E-센서보드, 햄스터 로봇 등이 있다.

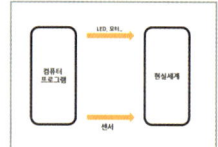

코블

아두이노

E-센서보드

메이키메이키

햄스터 로봇

메이키메이키(MakeyMakey)란?

make + key = makekey로, 전기가 통하는 물체라면 무엇이든 키보드처럼 사용할 수 있도록 해주는 보드를 의미한다. 즉, 키보드 대신 바나나, 신체(몸), 물 같은 전도성 물질을 키로 활용하여 키보드나 마우스의 역할을 할 수 있게 도와주는 도구이다.

전류를 흐르게 함으로써 데이터를 전송시켜주는 원리를 갖고 있고, 조작 난이도가 매우 쉽기 때문에 누구나 쉽게 배워 활용할 수 있는 장점이 있다.

보다 자세한 내용은 http://makeymakey.com에서 살펴볼 수 있다.

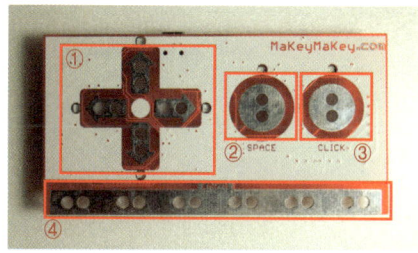

- 메이키메이키의 좌측 화살표 부분 ①은 키보드의 상, 하, 좌, 우 키와 연동이 된다. 우측에는 ②부분은 스페이스바 키와 ③부분은 마우스 왼쪽 버튼 키와 연동된다.

- 하단에 있는 ④Earth 부분은 구멍에 집게 선을 꽂아 접지하여 사용할 수 있다. USB 커넥터로 들어온 전기가 Earth로 나가는데 이 사이에 연결되어 있는 전도성 물체가 있어야만 전류가 흐를 수 있다.

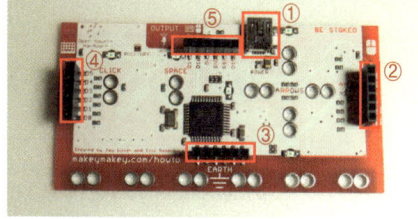

- ①은 USB 커넥터를 연결하는 부분으로 단자를 통해 컴퓨터에서 전원을 공급받는다.

- ②부분에 점퍼선을 이용하여 마우스의 상, 하, 좌, 우 방향과 좌클릭, 우클릭을 이용할 수 있다.

- ③에서는 GND 핀으로 이곳에 연결된 사물이 키보드나, 마우스의 역할을 할 수 있다.

- ④에서는 키보드의 W, A, S, D, F, G 키를 이용할 수 있다.

- ⑤는 출력핀으로 5V, GND 등이 주로 사용된다.

메이키메이키를 PC와 연결하기

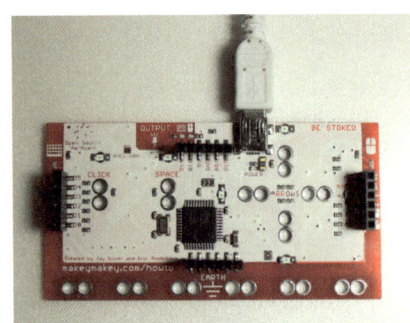

● 먼저 USB 커넥터 부분에 mini-b USB 케이블을 연결한다. 컴퓨터와의 메이키메이키 간의 거리가 상황에 따라 멀어질 수 있기 때문에 길이가 긴 USB 케이블 사용을 권장한다.

● Earth 부분에 악어클립 전선을 꽂는다. 구멍이 두 개가 나란히 붙어 있고 이 구멍 두 개에 악어클립 집게 부분을 벌려서 꽂는다.

● USB 케이블을 PC USB 포트에 꽂는다. 전원이 공급되면 Power LED에 빨간색 불이 들어오게 된다. 메이키메이키는 별도의 설치 프로그램이나 드라이버 소프트웨어, 펌웨어 등이 필요하지 않다. 대부분의 컴퓨터의 USB 포트에 꽂을 경우 자동으로 설치가 된다.

● 악어클립 전선의 집개 부분은 손으로 잡고 나머지 손으로 방향키에 접촉했을 때 왼쪽 상단에 녹색 LED가 들어오는지 확인한다. 정상적인 입력이 되고 있을 경우 녹색 LED가 들어온다.

- 한컴 오피스와 같은 문서 편집 소프트웨어를 실행시켜 메이키메이키의 방향키나 클릭 키, 스페이스바 등이 잘 입력되는지 확인할 수도 있다.

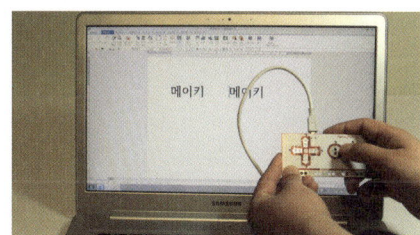

- 악어클립 전선을 제거하고 Earth 부분을 한 손으로 잡고 실행을 해도 입력이 가능하다.

알고리즘 설계하기

오브젝트 추가(배경, 나무), 오브젝트 크기 및 위치 지정

오브젝트 / 순서	나무					
	키보드 방향키로 나무 오브젝트를 움직이고, 스페이스 키를 누르면 도장을 찍으며 다음 차례에 나타날 나무의 색깔이 바뀌도록 코딩한다. 마우스 왼쪽 버튼을 클릭하면 모든 붓 지우기 효과를 주도록 한다.					
1	시작하기					
2	모든 붓 지우기					
3	←	→	↑	↓	Space Bar	🖱
4	x 좌표를 -10 만큼 바꾸기	x 좌표를 10 만큼 바꾸기	y 좌표를 10 만큼 바꾸기	y 좌표를 -10 만큼 바꾸기	도장 찍기	모든 붓 지우기
5					색깔 효과를 10 만큼 주기	

코딩하기

[나무 오브젝트]

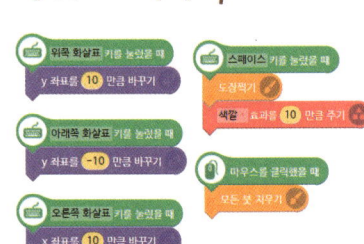

● 6장 '즐거운 미술 시간! 점묘화를 배워요.'를 불러와 필요한 부분을 수정한다.

● 메이키메이키는 '숫자 1키'를 지원하지 않기 때문에 시작 의 1키를 눌렀을 때를 대신하여 마우스를 클릭했을 때으로 변경하여 사용한다.

실행 및 점검하기

창조하기

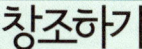

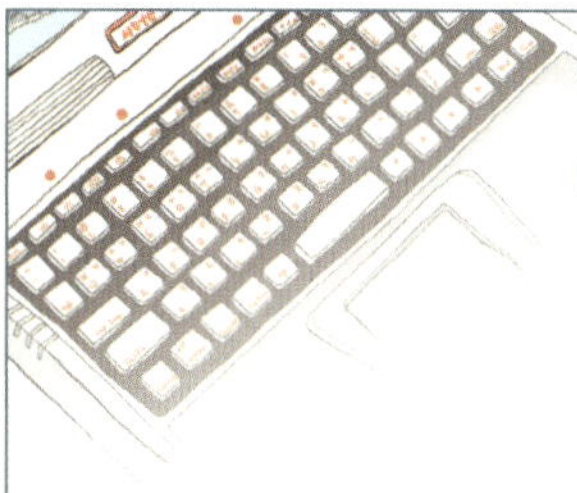

'나무' 오브젝트가 좌우로만 움직이고, 구름에서 떨어지는 빗방울을 맞을 때, 일정한 크기로 자라도록 만들어 봅시다.

메이키메이키를 이용하여 악기를 연주해 봅시다.

이번 장에서 배울 엔트리 주요 내용은?
👉 메이키메이키 활용 등

과제 확인하기

피아노와 메이키메이키 연결하기

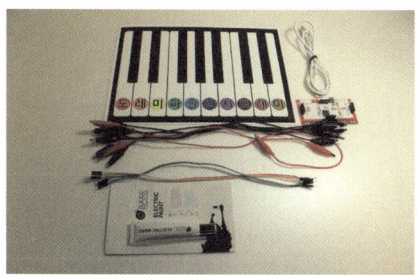

● 피아노 건반 출력물, 악어클립 전선, 점퍼선, 전도성 펜, 메이키메이키 키트, USB 케이블을 준비한다.

● 피아노 출력물 위에 전류가 흐를 수 있도록 그림과 같이 전도성 펜을 이용하여 두 개의 큰 원과 그 원을 연결하는 선을 그려준다. 컬러 점토(클레이)나 전도성 테이프(구리 테이프) 등도 사용 가능하다.

● 전도성 펜으로 그린 두 개의 원 중 아래의 원에 악어클립 전선을 물려 놓는다. 위에 그린 원은 손으로 누르는 부분이다.

● 메이키메이키 키트에 점퍼선, USB 케이블, 악어클립 전선을 예시와 같이 연결한다.

● 이전 단계에서 꽂은 전선 중 'W'에서 나온 선은 피아노 건반 '도'에 연결된 악어클립 전선과 연결하고, 'A'는 '레'와, 'S'는 '미'와, 'D'는 '파'와, 'F'는 '솔'과, 'G'는 '라'에서 나온 선과 각각 연결한다. 'Left Arrow'에서 나온 선은 '시'와 'Right Arrow'에서 나온 선은 '높은 도'에서 나온 선과 연결한다. 'Earth'에서 나온 선은 따로 연결하지 않는다.

코드 수정하기

● 메이키메이키에서 작동시킬 수 있는 키는 정해져있기 때문에 그 키에 맞게 코드를 변경해줘야 한다.

알고리즘 설계하기

순서＼오브젝트	안경소녀	웨이	운동소년	엔트리봇	여자아이	소피	육상선수	안경소년
1	시작하기							
2	'가온 도'를 말하기	'레'를 말하기	'미'를 말하기	'파'를 말하기	'솔'을 말하기	'라'를 말하기	'시'를 말하기	'높은 도'를 말하기
3	W	A	S	D	F	G	←	→
4	'가온 도' 1초 재생 하기 (피아노 소리)	'레' 1초 재생 하기 (피아노 소리)	'미' 1초 재생 하기 (피아노 소리)	'파' 1초 재생 하기 (피아노 소리)	'솔' 1초 재생 하기 (피아노 소리)	'라' 1초 재생 하기 (피아노 소리)	'시' 1초 재생 하기 (피아노 소리)	'높은 도' 1초 재생 하기 (피아노 소리)
5	y 좌표를 100 만큼 바꾸기 (위로 뛰기)							
6	오브젝트의 다른 모양으로 바꾸기							
7	0.5초 기다리기							
8	y 좌표를 −100 만큼 바꾸기(원래 자리로 돌아오기)							
9	오브젝트의 원래 모양으로 바꾸기							

코딩하기

[안경소녀 오브젝트]

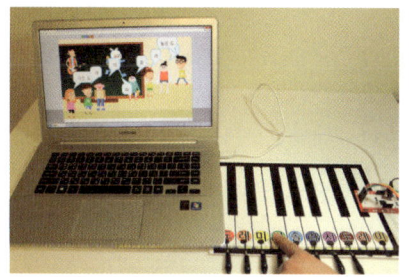

- '9장. 행복한 음악시간! 연주에 맞추어 춤을 춰요.'를 불러와 필요한 부분을 변경 및 수정한다.

- 로 변경하고, 'W' 키로 수정한다.

- 나머지 오브젝트의 코드도 동일한 블록으로 변경하고, 바가지소년 오브젝트는 'A' 키로, 운동소년은 'S' 키로, 엔트리봇은 'D' 키로, 여자아이는 'F' 키로, 리본소녀는 'G' 키로, 육상선수는 '왼쪽 화살표' 키로, 안경소년은 '오른쪽 화살표' 키로 각각 수정한다.

- USB 케이블을 컴퓨터의 포트에 연결하고 코딩한 프로그램을 실행한다. 'Earth'에서 나온 선을 한쪽 손으로 쥐고 나머지 손으로 피아노 연주를 해본다.

실행 및 점검하기

225

창조하기

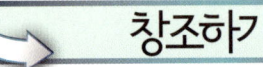

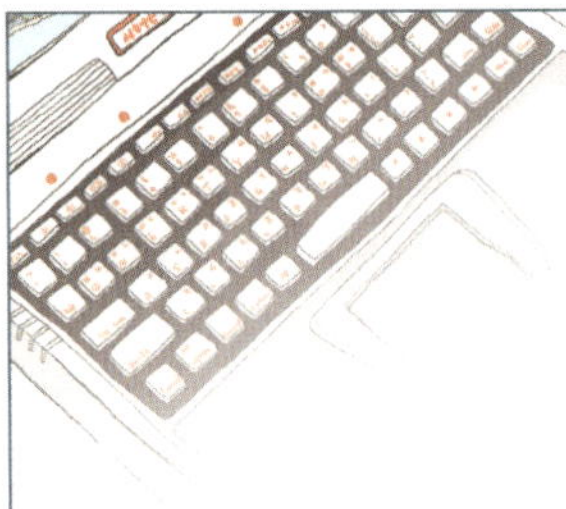

메이키메이키 보드의 ARROW나 여분의 핀을 이용하여 '높은 레', '높은 미'까지 소리가 나는 피아노 건반을 만들어 봅시다.

Chapter 23 E-센서보드로 점묘화를 그려보자.

E-센서보드에 대해 알아보고 점묘화 그리기에 이용해 봅시다.

이번 장에서 배울 엔트리 주요 내용은?
☞ E-센서보드 주요 기능 및 엔트리와 연결하기, 버튼, 소리 센서 등

과제 확인하기

생각 다듬기

E-센서보드란?

E-센서보드란 ㈜새로운교육에서 만든 피지컬 컴퓨팅 도구 중 하나로 아두이노 UNO를 기반으로 센서보드를 결합시킨 것이다. 상하좌우 4개의 버튼은 메이키메이키와 비슷하지만 온도 센서, 소리 센서, 빛 센서, 슬라이더 저항의 값을 측정할 수 있는 센서를 가지고 있어 이를 이용하여 프로그래밍에 변화를 줄 수 있다. 또한, 빨강, 초록, 파랑, 흰색의 4가지 LED를 가지고 있어 LED 등으로 표현할 수 있다. 엔트리에서 프로그래밍을 E-센서보드를 이용하여 여러분이 만든 프로그램을 눈으로 직접 확인해 볼 수 있다.

보다 자세한 내용은 http://www.neweducation.co.kr/entry/에서 살펴볼 수 있다.

● E-센서보드에는 크게 2종류, 아날로그 센서와 디지털 센서가 있다.

● 아날로그 센서로는 소리 센서(아날로그0), 빛 센서(아날로그1), 슬라이더 저항(아날로그2), 온도 센서(아날로그3) 4가지가 있다.

● 디지털 센서에는 크게 LED와 버튼으로 나뉜다. LED에는 빨강 LED(디지털2), 초록 LED(디지털3), 파랑 LED(디지털4), 흰색 LED(디지털5)가 있고 버튼에는 노랑 버튼(디지털8), 초록 버튼(디지털9), 파랑 버튼(디지털10), 빨강 버튼(디지털11)이 있다.

E-센서보드를 엔트리에 연결하기

다음과 같은 단계를 통해 E-센서보드와 엔트리를 연결할 수 있다.

● 아두이노의 단자에 USB를 꽂는다.

● PC용 USB 단자를 PC에 꽂아서 아두이노 UNO에 빨간 색 LED가 켜지면 정상적으로 연결된 것이다.

● 하드웨어 블록에서 연결 프로그램 다운로드를 클릭한다.

● 다운 받은 폴더를 열어 엔트리 하드웨어 프로그램 파일을 두 번 클릭한다.

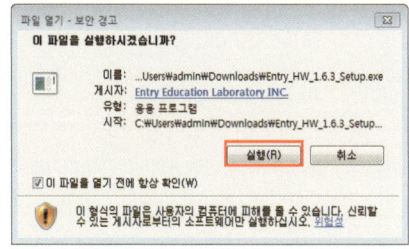

● 실행 버튼을 클릭하여 엔트리 하드웨어 프로그램을 설치를 시작한다.

229

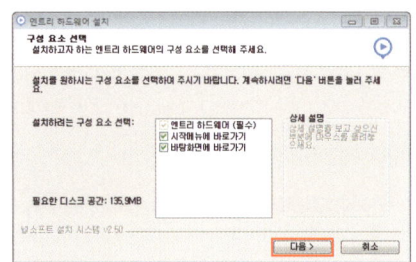

● 다음을 눌러 엔트리 하드웨어 프로그램을 계속 설치한다.

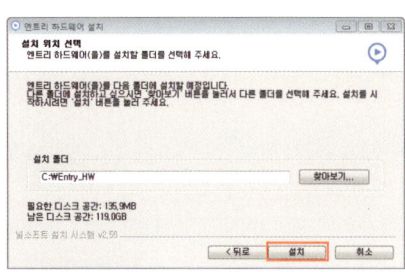

● 엔트리 하드웨어 프로그램을 설치할 위치를 선택하고 설치를 클릭한다.

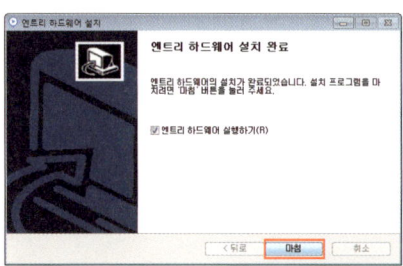

● 엔트리 하드웨어 프로그램의 설치가 끝나면 프로그램이 설치가 된 것을 확인하고 닫음 버튼을 클릭하여 끝낸다.

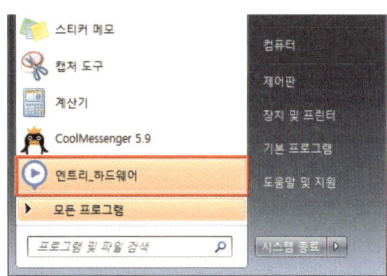

● 엔트리 하드웨어 프로그램을 실행시킨다.

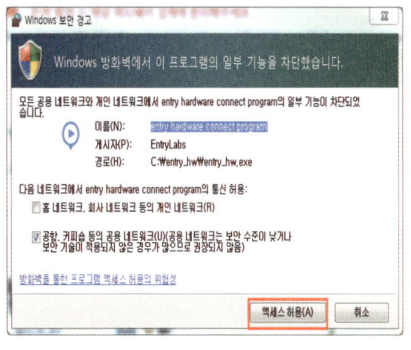

● 액세스 허용을 눌러 기능을 사용할 수 있도록 한다.

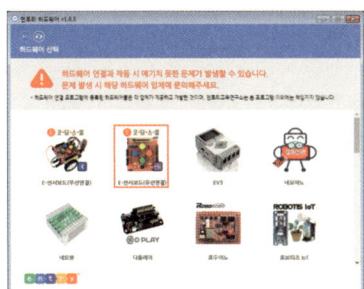 하드웨어 중 E-센서보드를 선택한다.

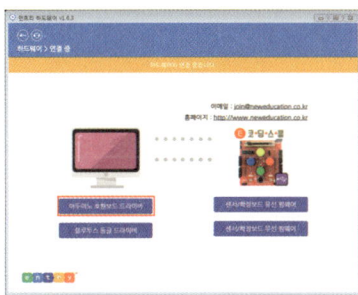 드라이버 설치 버튼을 누른다.

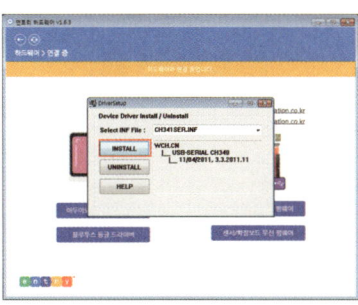 드라이버 설치창이 뜨면 INSTALL 버튼을 눌러 드라이버를 설치한다.

 드라이버가 설치되고 설치가 끝나면 드라이버 설치가 된 것을 확인하고 마침 버튼을 클릭하여 끝낸다.

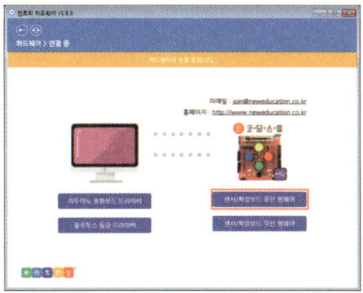 E-센서보드를 처음 연결할 때는 연결한 센서보드에 맞는 펌웨어 설치 버튼을 누른다.

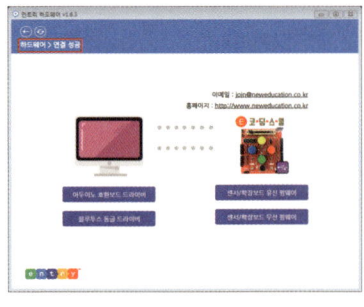

● 하드웨어 연결 성공이라고 나오면 컴퓨터와 E-센서보드가 연결된 상태이다. 단, 연결된 후 엔트리 하드웨어 프로그램을 끄게 되면 컴퓨터와 E-센서보드의 연결이 끊길 수 있으니 이 창을 끄지 않도록 주의한다.

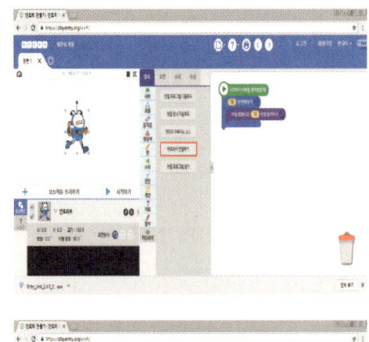

● 엔트리를 실행시키고 하드웨어 연결하기를 클릭한다.

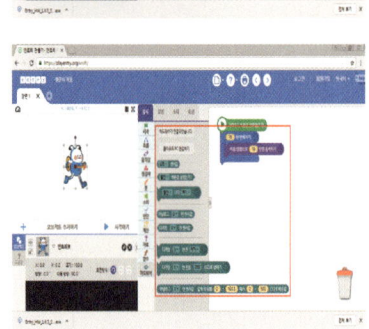

● 하드웨어 블록에 E-센서보드의 블록 명령어들을 확인할 수 있다.

하나 더!

▶ E-센서보드와 한 번 연결한 PC는 USB만 꽂으면 연결되므로 드라이버를 추가로 설치할 필요가 없다. 하지만 새로운 PC에서 E-센서보드를 사용하려면 드라이버 설치를 다시 한 번 해주어야 연결된다.

E-센서보드 센서값 측정하기

4가지 센서 중 소리 센서를 이용하여 프로그래밍을 할 수 있다.

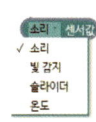

● 소리 센서, 빛 센서, 슬라이더 저항, 온도 센서값을 측정하여 프로그램에 사용할 수 있다.

E-센서보드 버튼 누르기

E-센서보드에 있는 4개의 버튼을 눌러 프로그램을 변화시킬 수 있다.

● 빨강, 파란, 노란, 초록 버튼을 눌렀을 때 HIGH, 누르지 않으면 LOW로 측정된다.

● 디지털 센서값을 고를 수 있는 블록으로 노랑 버튼은 디지털 8번, 초록 버튼은 디지털 9번, 파랑 버튼은 디지털 10번, 빨강 버튼은 디지털 11이다.

순서 / 오브젝트	네모로봇		나무		
1	시작하기				
2	계속 반복하기	소리 센서값을 계속 말하기	모든 붓 지우기		
3.1			만일 초록 버튼을 눌렀는가? 이라면		만일 소리 센서값 >80 이라면
3.2			x 좌표를 10 만큼 움직이기		
3.3			만일 노란 버튼을 눌렀는가? 이라면		도장 찍기
3.4		계속 반복하기	x 좌표를 -10 만큼 움직이기	계속 반복하기	
3.5			만일 빨간 버튼을 눌렀는가? 이라면		
3.6			y 좌표를 10 만큼 움직이기		색깔효과를 10 만큼 주기
3.7			만일 파란 버튼을 눌렀는가? 이라면		
3.8			y 좌표를 -10 만큼 움직이기		

코딩하기

[오브젝트 추가(네모로봇) 소리 센서값 말하기]

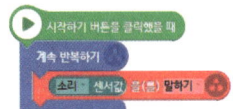

- '6장. 즐거운 미술 시간! 점묘화를 배워요.'를 불러온다. 네모로봇 오브젝트를 추가하고 필요한 부분을 수정한다.
- 시작하기 버튼을 클릭했을 때 를 가져온다.
- 계속 반복하기 를 연결한다.
- 안녕! 을(를) 말하기 를 가져오고 소리 센서값 를 넣는다.

하나 더!

▶ 주변 환경에 따라 입력되는 소리 센서값이 달라질 수 있다. 또한, 버튼을 클릭하는 미세한 소리에도 센서가 반응할 수 있으므로 기준이 되는 값을 적절히 설정할 수 있도록 한다.

[나무 오브젝트의 방향키 설정] 🌳

- 🟩 **시작하기 버튼을 클릭했을 때** 를 가져온다.

- 🔁 **계속 반복하기** 를 가져온다.

- 🔀 **만일 ⬡ 이라면** 를 2개를 가져온다.

- 🖱️ **빨간 버튼을 눌렀는가?** 를 2개를 가져와서 참에 넣고 '초록', '노란' 버튼으로 수정한다.

- 🟣 **x 좌표를 10 만큼 바꾸기** 를 2개를 가져와서 하나는 그대로 다른 하나는 '-10'으로 수정한다.

- 🔀 **만일 ⬡ 이라면** 를 2개를 가져온다.

- 🖱️ **빨간 버튼을 눌렀는가?** 를 2개를 가져와서 참에 넣고 1개만 '파란' 버튼으로 수정한다.

- 🟣 **y 좌표를 10 만큼 바꾸기** 를 2개를 가져와서 하나는 그대로 다른 하나는 '-10'으로 수정한다.

[나무 오브젝트] 🌳

- 🟩 **시작하기 버튼을 클릭했을 때** 를 가져온다.

- 🔁 **계속 반복하기** 를 가져온다.

- 🔀 **만일 ⬡ 이라면** 을 연결한다.

- 🔷 **10 > 10** 를 가져와서 참에 넣고 🖱️ **소리 센서값** 를 왼쪽에 넣고 오른쪽 10은 '80'으로 수정한다.

- 🖌️ **도장찍기** 를 연결한다.

- 🔺 **색깔 효과를 10 만큼 추가** 를 연결한다.

창조하기

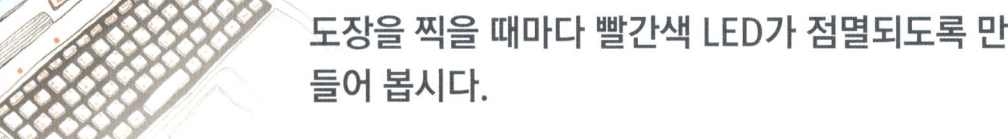

도장을 찍을 때마다 빨간색 LED가 점멸되도록 만들어 봅시다.

E-센서보드로 어두워지면 켜지는 센서등을 만들어 봅시다.

이번 장에서 배울 엔트리 주요 내용은?

☞ E-센서보드, 빛 센서, LED 불 켜고 끄기 등

과제 확인하기

E-센서보드 빛 센서값 측정하기

4가지 센서 중 빛의 양을 측정하여 프로그래밍을 할 수 있다.

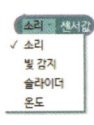

- 소리 센서, 빛 센서, 슬라이더 저항, 온도 센서값을 측정하여 프로그램에 사용할 수 있다.

- 아날로그 센서로는 소리 센서(아날로그0), 빛 센서(아날로그1), 슬라이더 저항(아날로그2), 온도 센서(아날로그3)이다.

E-센서보드 LED 불 켜기 끄기

E-센서보드에 있는 4개의 LED를 켜거나 끌 수 있다.

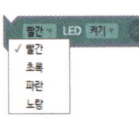

- 빨강, 초록, 파란, 노랑의 LED를 선택할 수 있다.

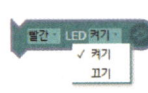

- 빨강, 초록, 파란, 노랑의 LED 중 선택하여 켜거나 끌 수 있다.

알고리즘 설계하기

오브젝트 순서	네모로봇		전등
1	시작하기		
2	계속 반복하기	빛 감지 센서값을 계속 말하기	만일 빛 감지 센서값 〉700 이라면
3			전등 켜짐 모양으로 바꾸기
4		계속 반복하기	노랑 LED 켜기
5			1초 기다리기
6			노랑 LED 끄기
7			아니면
9			전등 켜짐 모양으로 바꾸기

코딩하기

[오브젝트 추가(네모로봇) 빛 감지 센서값 말하기]

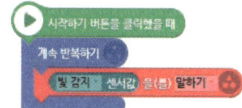

- '14장. 전기를 아낄 수 있는 센서등'을 불러오고 네모로봇 오브젝트를 추가한다.

- 필요한 부분을 수정한다.

- 시작 ▶ 시작하기 버튼을 클릭했을 때 를 가져온다.

- 흐름 ∧ 계속 반복하기 를 연결한다.

- 붙임새 안녕! 을(를) 말하기 를 가져오고 하드웨어 소리 ▼ 센서값 를 넣고 '빛 감지' 센서값으로 수정한다.

239

[전등 오브젝트]

● 시작 ▶ 시작하기 버튼을 클릭했을 때 를 가져온다.

● 흐름 계속 반복하기 를 연결한다.

● 흐름 만일 ~이라면 를 끼워 넣는다.

● 변환 10 > 10 를 가져와서 참에 넣고 하드웨어 소리▼ 센서값 를 왼쪽에 넣고 '빛 감지'로 바꾼다. 그리고 오른쪽 10은 '700'으로 수정한다.

● 생김새 엔트리봇_걷기 모양으로 바꾸기 를 가져와서 '전등 켜짐'으로 바꾼다.

● 하드웨어 빨간▼ LED 켜기▼ 를 가져와서 '노랑'으로 수정한다.

● 흐름 2 초 기다리기 를 연결하고 '1'초로 수정한다.

● 하드웨어 빨간▼ LED 켜기▼ 를 가져와서 '노랑', '끄기'로 수정한다.

● 생김새 엔트리봇1 모양으로 바꾸기 를 가져와서 '전등 꺼짐'으로 바꾼다.

하나 더!

▶ 빛 감지 센서는 밝을 때는 숫자가 낮아지고 어두워지면 숫자가 커진다. 판단 블록을 사용하기 전에 빛 감지 센서의 값을 확인하여 기준을 정하면 편리하다. 또한, 주변 환경에 따라 빛 감지 센서값이 달라질 수 있다. 밝을 때와 어두울 때의 빛 감지 센서값을 확인한다. 그래서 주변 상황에 따라 '전등 켜짐'일 때의 기준을 '700'에서 수정한다.

실행 및 점검하기

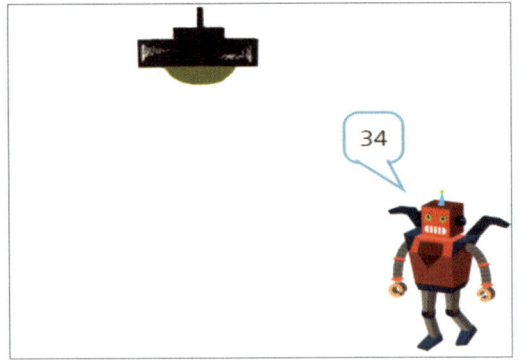

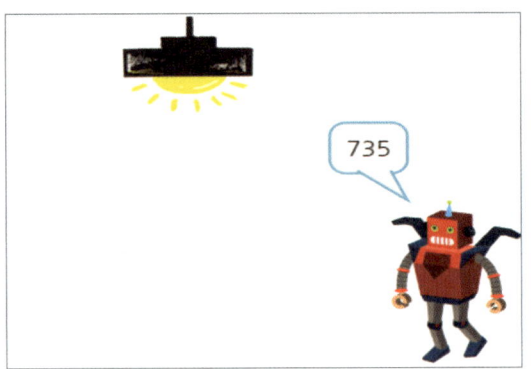

창조하기

'별 헤는 밤' 오브젝트를 배경으로 활용해서 어두워질 때 전등이 켜질 수 있도록 만들어 봅시다.

241

Chapter 25

E-센서보드로
게임 조종기를 만들어보자.①

E-센서보드로 게임 조종기를 만들어 봅시다.①

이번 장에서 배울 엔트리 주요 내용은?
👉 E-센서보드, 슬라이더 저항 등

과제 확인하기

생각 다듬기

E-센서보드 슬라이더 저항

슬라이더 저항값을 이용하여 오브젝트를 움직일 수 있다.

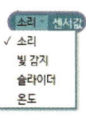
- 소리 센서, 빛 센서, 슬라이더 저항, 온도 센서값을 측정하여 프로그램에 사용할 수 있다.

- 아날로그 센서로는 소리 센서(아날로그0), 빛 센서(아날로그1), 슬라이더 저항(아날로그2), 온도 센서(아날로그3)이다.

- 아날로그 센서값의 범위를 0~1023가 아닌 다른 수로 바꿔준다.

하나 더 !

▶ 아날로그 센서값은 0에서 1023까지 측정이 된다. 이 때 센서값을 너무 크거나 원하는 값이 있을 때는 센서값을 바꿔주면 편리하다. 예를 들어 0~1023을 x 좌표값 범위인 -240~240으로 바꾸어주면 오브젝트가 화면 안에서 좌우로 움직일 수 있다. 또한 y 좌표값 범위인 -180~180으로 바꾸어주면 오브젝트가 화면 안에서 상하로 움직일 수도 있다.

알고리즘 설계하기

● 엔트리봇을 대신하여 네모로봇으로 오브젝트를 변경할 때 엔트리봇과 관련된 판단, 변수도 엔트리봇에서 네모로봇으로 바꿔주어야 한다.

오브젝트 순서	네모로봇		구름		물방울
1	시작하기				
2			네모로봇 에너지 3으로 정하기		모양 숨기기
			시간을 30으로 정하기	계속 반복 하기	만일 네모로봇에 닿았는가? 이라면 구름 위치로 이동하기
			'시작합니다'를 말하기		네모로봇 에너지에 −1 만큼 더하기
3	시작 신호 보내기				
4	시작 신호를 받았을 때		시작 신호를 받았을 때		시작 신호를 받았을 때
5	계속 반복 하기	x: 슬라이더 센서값 위치로 이동하기	계속 반복 하기	이동하기	계속 반복 하기
				화면 끝에 닿으면 튕기기	y 좌표를 −1 만큼 바꾸기
6	1초 지날 때마다 시간 값을 −1씩 하기			만일 네모로봇 에너지 =0 이라면 끝 신호 보내기	만일 벽에 닿으면 구름 위치로 이동하기

[네모로봇 오브젝트]

- '19장. 산성비를 피해요!'를 불러오고 엔트리봇 오브젝트 대신 네모로봇 오브젝트를 추가한다.
- 를 가져온 후 '시작' 신호로 수정한다.
- 를 연결한다.
- 가져와서 넣는다.
- 아날로그 0 번 센서값 값의 범위를 0 ~ 1023 에서 0 ~ 100 (으)로 바꾼값 를 10에 넣고 센서는 아날로그 2번으로, 범위는 0~100에서 −240~240으로 수정한다.

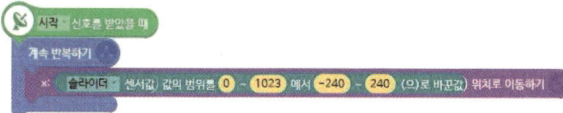

- 또는 아날로그 0번 센서값 대신에 소리 센서값 을 바꿔 넣고 슬라이더 센서값으로 수정한다.

실행 및 점검하기

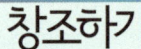

'골대', '축구공' 오브젝트를 활용해서 축구공을 막는 게임을 만들어보고, 골대 범위 내에서 네모로봇이 움직일 수 있도록 아날로그 센서값을 조절해 봅시다.

Chapter 26

E-센서보드로 게임 조종기를 만들어보자.②

E-센서보드로 게임 조종기를 만들어 봅시다.②

이번 장에서 배울 엔트리 주요 내용은?
☞ E-센서보드, 버튼, LED 불 켜고 끄기 등

과제 확인하기

생각 다듬기

E-센서보드 버튼 누르기

E-센서보드에 있는 4개의 버튼을 눌러 프로그램을 변화시킬 수 있다.

● 빨강, 파란, 노란, 초록 버튼을 눌렀을 때 HIGH, 누르지 않으면 LOW로 측정된다.

● 디지털 센서값을 고를 수 있는 블록으로 노랑 버튼은 디지털 8번, 초록 버튼은 디지털 9번, 파랑 버튼은 디지털 10번, 빨강 버튼은 디지털 11번이다.

E-센서보드 LED 불 켜기 끄기

E-센서보드에 있는 4개의 LED를 켜거나 끌 수 있다.

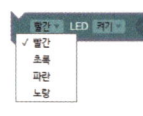

● 빨강, 초록, 파란, 노랑의 LED를 선택할 수 있다.

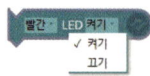

● 빨강, 초록, 파란, 노랑의 LED 중 선택하여 켜거나 끌 수 있다.

알고리즘 설계하기

오브젝트 / 순서	네모로봇
	E-센서보드의 빨간 버튼을 누르면 빨간 LED가 켜지고 파란 버튼을 누르면 파란 LED가 켜지게 한다. LED가 계속 켜져 있으면 버튼을 누른 것을 확인하지 못하기 때문에 빨간 버튼을 눌렀을 때는 파란 LED가 꺼지게 하고 파란 버튼을 눌렀을 때는 빨간 LED가 꺼지도록 한다. 그리고 버튼을 누를 때마다 전기에너지가 3씩 증가하게 한다.
1	시작하기
2.1	만일 빨간 버튼을 눌렀는가? 이라면
2.2	파란 LED 끄기
2.3	빨간 LED 켜기
2.4	네모로봇 모양 바꾸기
2.5	전기에너지에 3 만큼 더하기
2.6	만일 파란 버튼을 눌렀는가? 이라면
2.7	빨간 LED 끄기
2.8	파란 LED 켜기
2.9	네모로봇 모양 바꾸기
2.10	전기에너지에 3 만큼 더하기

(2.1 ~ 2.10은 "계속 반복하기" 범위에 속함)

코딩하기

[네모로봇 오브젝트]

- 20장 '엔트리봇과 친환경 에너지를 만들어요.'를 불러오고 엔트리봇 오브젝트 대신 네모로봇 오브젝트를 추가한다.

- ⚑ 대상없음 신호를 받았을 때 를 가져온 후 '시작' 신호로 수정한다.

- 계속 반복하기 와 만일 이라면 를 가져와서 연결한다.

- 빨간 버튼을 눌렀는가? 를 참에 넣는다.

- 빨간 LED 끄기 를 2개 가져와서 연결하고 한 개는 수정한다.

- 엔트리봇_끝기 모양으로 바꾸기 를 가져와서 수정한다.

- 변수에 10 만큼 더하기 를 가져와서 수정한다.

- 코딩한 것을 복사하여 연결하고 수정한다.

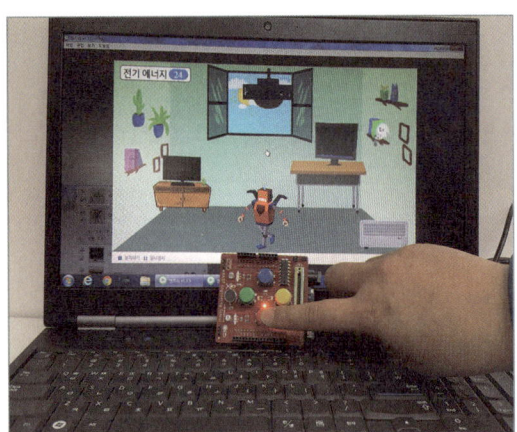

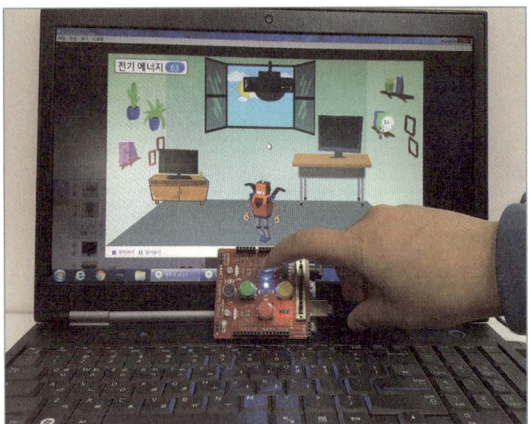

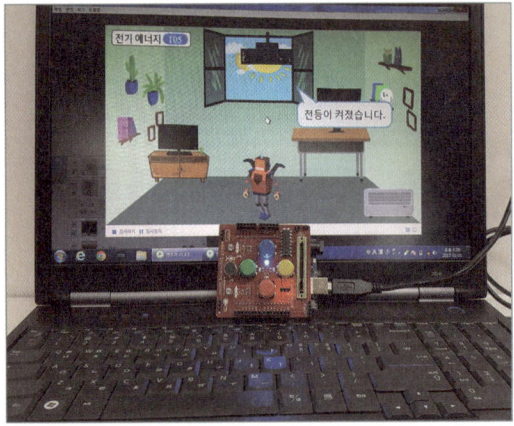

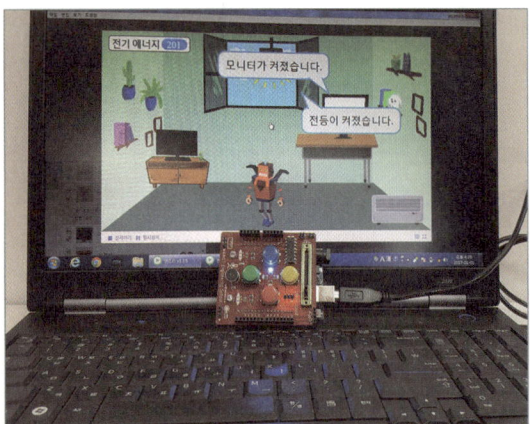

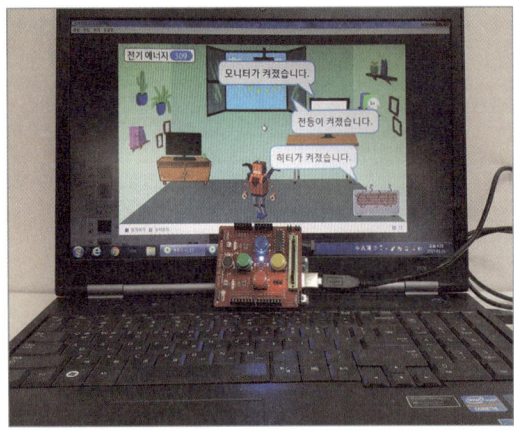

- '노란 버튼을 누르면 흰색 LED가 켜지고, 초록 버튼을 누르면 초록 LED가 켜지면서 전기에너지가 3씩 증가하는 프로그램'을 만들어 봅시다.
- '박수 소리를 소리 센서로 측정하여 전기에너지가 3씩 증가하는 프로그램'을 만들어 봅시다.
- '빛 센서를 이용하여 전기에너지가 3씩 증가하는 프로그램'을 만들어 봅시다.

Chapter 27 햄스터 로봇! 소방차로 변신! ①

햄스터 로봇에 대해 알아보고 소방차의 불빛을 표현해 봅시다.

이번 장에서 배울 엔트리 주요 내용은?

👉 햄스터 로봇의 주요 기능 및 엔트리와 연결하기, LED 켜고 끄기 등

과제 확인하기

> 메이키메이키와 E-센서보드에 대해 잘 이해했니?

> 네. 그런데 처음에는 신기했는데 엔트리봇처럼 현실에서도 움직이는 로봇이 있었으면 좋겠어요.

> 햄스터처럼 작은 로봇이 있다고 하던데, 박사님 알려주세요.

> 그 로봇의 이름은 햄스터 로봇인데 햄스터 로봇에 대해 알아볼까?

생각 다듬기

햄스터 로봇이란?

햄스터 로봇은 로보메이션이란 회사에서 만든 교육용 로봇으로 DC 모터 2개, 전방 거리 센서 2개, 바닥(라인) 센서 2개, 7가지 색의 LED 2개, 3축 가속도 센서, 조도 센서, 내부 온도 센서, 피에조 스피커, 외부 확장 단자 2개를 가지고 있어 이러한 기능을 사용하여 다양한 프로그래밍 결과물을 확인할 수 있다. 엔트리에서 제작한 프로그램을 햄스터 로봇으로 실행시켜 보면서 여러분이 만든 프로그램을 눈으로 직접 확인해 볼 수 있다.

보다 자세한 내용은 http://robomation.kr/에서 살펴볼 수 있다.

● 햄스터 로봇의 윗면에는 왼쪽부터 배터리 경고등 및 충전 표시등, 블루투스 연결 표시, 가운데에는 피에조 스피커가 내장되어 있다.

● 햄스터 로봇 전면에는 왼쪽과 오른쪽 위쪽에 전방 거리 센서 2개가 있으며 1~30cm, 햇빛이 있을 때는 1mm 까지 측정이 가능하다. 가운데에는 조도 센서가 있으며 0~ 65,535 lux를 측정할 수 있다. 아래쪽에는 7가지 색을 낼 수 있는 LED 2개가 있다.

● 햄스터 로봇의 우측면에는 전원 스위치가 있으며 전원 스위치를 위로 올리면 켜지고 아래로 내리면 꺼진다. 전원 스위치 아래에는 보조 전원 단자가 있다. 그리고 DC 모터 1개가 있어 햄스터 로봇이 전진, 후진, 회전 등의 동작을 할 수 있다.

● 햄스터 로봇의 좌측면에는 USB 충전 단자가 있어 충전을 할 수 있다. 그 아래에는 외부 입출력이 가능한 연결 단자가 있다. 그리고 DC 모터 1개가 있어 햄스터 로봇이 전진, 후진, 회전 등의 동작을 할 수 있다.

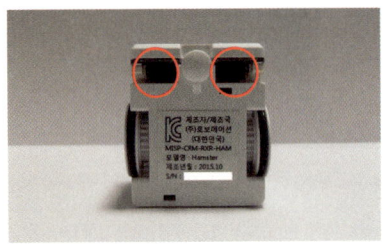

● 햄스터 로봇의 바닥면에는 바닥 센서가 2개가 있으며 바닥 센서는 햇빛 아래에서 0~255 단계를 측정할 수 있다. 내부에는 온도 센서와 3축 가속도 센서가 내장되어 있는데 온도 센서는 -40~87.5도를 측정할 수 있으며 3축 가속도 센서는 X축, Y축, Z축 가속도 센서를 측정할 수 있다.

햄스터 로봇을 엔트리에 연결하기

다음과 같은 단계를 통해 햄스터 로봇을 엔트리에 연결할 수 있다.

● PC의 USB 단자에 동글이를 꽂는다. 동글이의 블루투스 표시등이 파란색으로 깜빡이면 정상적으로 작동된 것이다.

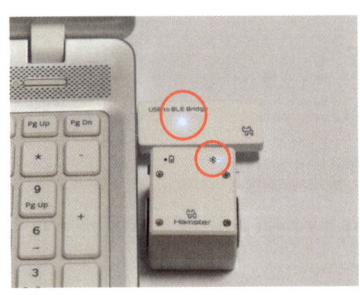

● 햄스터 로봇의 전원을 켜고 동글이와 15cm 이내로 가깝게 가져간다. 햄스터 로봇에서 삑 소리가 나면서 블루투스 표시등이 켜져 있거나 깜빡이면 정상적으로 페어링이 된 것이다.

하나 더!

▶ 페어링을 한 번 하면 동글이는 해당 햄스터 로봇만을 찾아서 연결하므로 다시 페어링을 할 필요가 없다. 단, 동글이는 가장 최근에 페어링 된 햄스터 로봇 하나만을 기억하므로 다른 햄스터 로봇과 페어링을 했을 경우 이전 햄스터 로봇과는 자동으로 페어링이 해제된다.

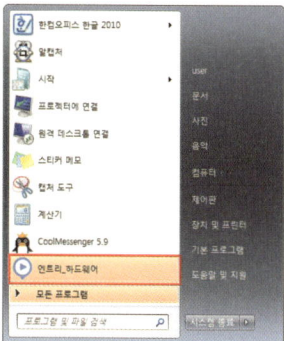

● 23장에서 설치한 엔트리 하드웨어 프로그램을 실행시킨다.

● 여러 하드웨어 중에서 햄스터 로봇을 선택한다.

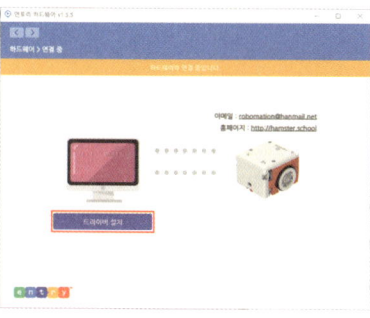

● 드라이버 설치를 클릭하여 햄스터 로봇의 작동에 필요한 프로그램 설치를 진행한다.

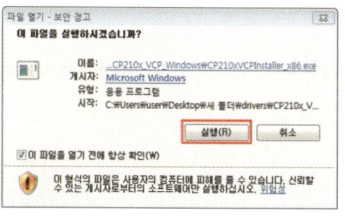

● 실행 버튼을 클릭하여 드라이버 설치를 실행한다.

● 다음 버튼을 눌러 드라이버 설치를 계속한다.

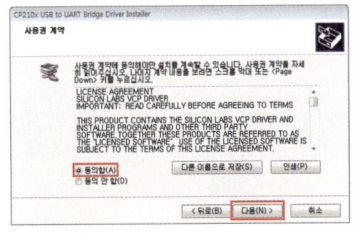

● 사용권 계약을 읽어보고 동의함을 체크한 후 다음 버튼을 클릭하여 설치를 계속 진행한다.

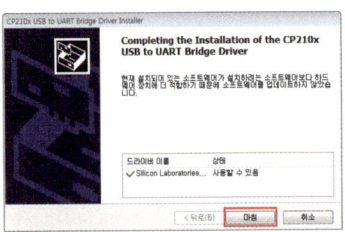

● 드라이버가 설치되고 설치가 끝나면 드라이버 설치가 된 것을 확인하고 마침 버튼을 클릭하여 끝낸다.

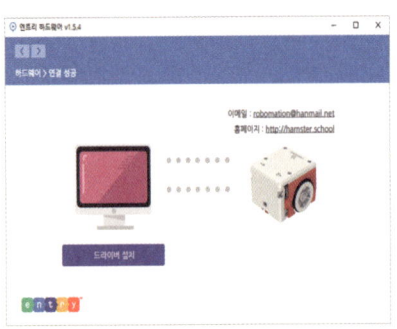

● 하드웨어 연결 성공이라고 나오면 컴퓨터와 동글이가 연결된 상태이다. 단, 연결된 후 엔트리 연결 프로그램을 끄게 되면 연결이 끊길 수 있으니 햄스터 로봇을 사용할 때는 이 창을 끄지 않도록 주의한다.

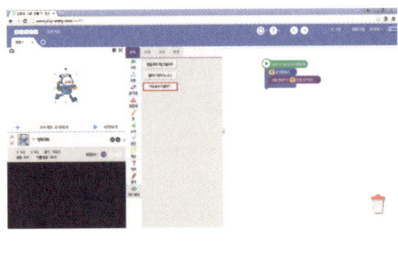

● 엔트리를 실행시키고 하드웨어 연결하기를 클릭한다.

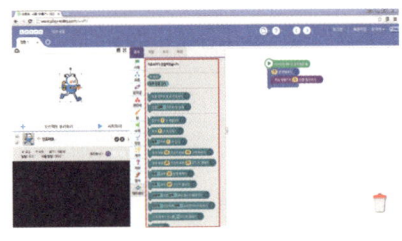

● 하드웨어 블록을 클릭하면 햄스터 로봇의 블록 명령어들을 확인할 수 있다.

햄스터 로봇 LED 켜고 끄기

햄스터 로봇의 정면에 있는 2개의 LED를 7가지 색으로 켜거나 끌 수 있다.

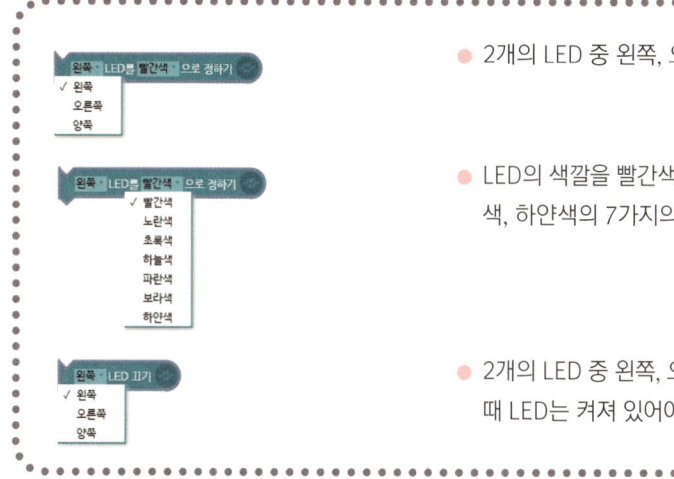

- 2개의 LED 중 왼쪽, 오른쪽, 양쪽 중 선택하여 켤 수 있다.

- LED의 색깔을 빨간색, 노란색, 초록색, 하늘색, 파란색, 보라색, 하얀색의 7가지의 색 중에서 골라서 켤 수 있다.

- 2개의 LED 중 왼쪽, 오른쪽, 양쪽 중 선택하여 끌 수 있다. 이때 LED는 켜져 있어야 한다.

알고리즘 설계하기

오브젝트	소방차
	햄스터 로봇 LED
	햄스터 로봇의 LED는 정면의 좌우에 1개씩 있으며 7가지 색 중에 선택하여 켜지거나 꺼지게 할 수 있다. 원래 소방차의 불빛은 양쪽 모두 빨간색이지만 햄스터 로봇의 LED는 다양한 색을 표현할 수 있다는 것을 알아보기 위해 빨간색과 파란색으로 코딩한다.

순서		
1		시작하기
2.1	계속 반복하기	오른쪽 LED를 파란색으로 정하기
2.2		1초 동안 기다리기
2.3		오른쪽 LED를 끄기
2.4		왼쪽 LED를 빨간색으로 정하기
2.5		1초 동안 기다리기
2.6		왼쪽 LED를 끄기

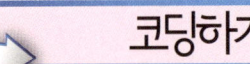

코딩하기

[소방차 오브젝트] 🚒

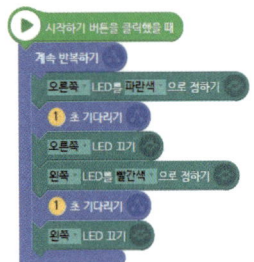

- 11장 '화재로 갇힌 사람을 구출해요.'를 불러오고 엔트리봇 오브젝트를 소방차 오브젝트를 변경한다.

- 🏳️ ▶️ 시작하기 버튼을 클릭했을 때 를 가져온다.

- 🔄 계속 반복하기 를 가져온다.

- 🔧 왼쪽 LED를 빨간색 으로 정하기 를 가져온다.

- '오른쪽 LED를 파란색'으로 수정한다.

- ⏱️ 2 초 기다리기 를 가져와서 시간을 '1초'로 수정한다.

- 🔧 왼쪽 LED 끄기 를 가져와서 '왼쪽'을 '오른쪽'으로 수정한다.

- 위의 세 블록을 복사하여 아래에 붙여 넣고 방향은 '왼쪽' LED 색은 '빨간색'으로 수정한다.

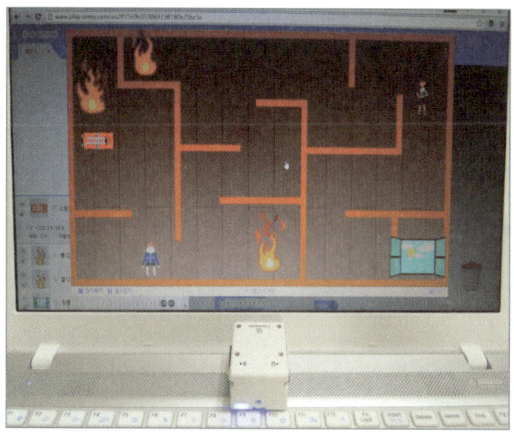
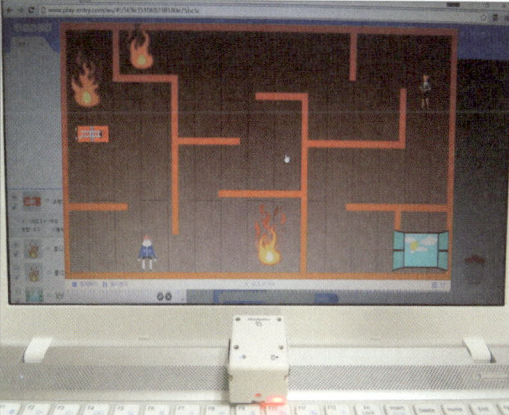

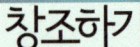

창조하기

- 'LED 2개 모두 빨간색으로 깜빡이는 프로그램'을 만들어 봅시다.
- 'LED가 깜빡이는 속도를 빠르게 또는 느리게 하는 프로그램'을 만들어 봅시다.

햄스터 로봇으로 소방차의 사이렌을 표현해 봅시다.

이번 장에서 배울 엔트리 주요 내용은?

☞ 햄스터 로봇 주요 기능 알기, 피에조 스피커로 소리 내기 등

과제 확인하기

박사님 햄스터 로봇으로 7가지 색 LED을 이용해서 소방차의 불빛을 표현하니 멋졌어요.

햄스터 로봇은 더 많은 기능이 있다고 하던데 소방차의 소리도 표현해보고 싶어요.

그래. 햄스터 로봇에는 피에조 스피커가 있어서 소리를 낼 수 있지.

그럼, 피에조 스피커를 이용해서 소방차의 사이렌 소리를 표현해볼까?

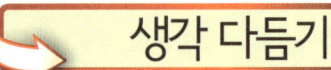
햄스터 로봇 피에조 스피커로 소리 내기

햄스터 로봇의 피에조 스피커로 여러 가지 소리를 낼 수 있다.

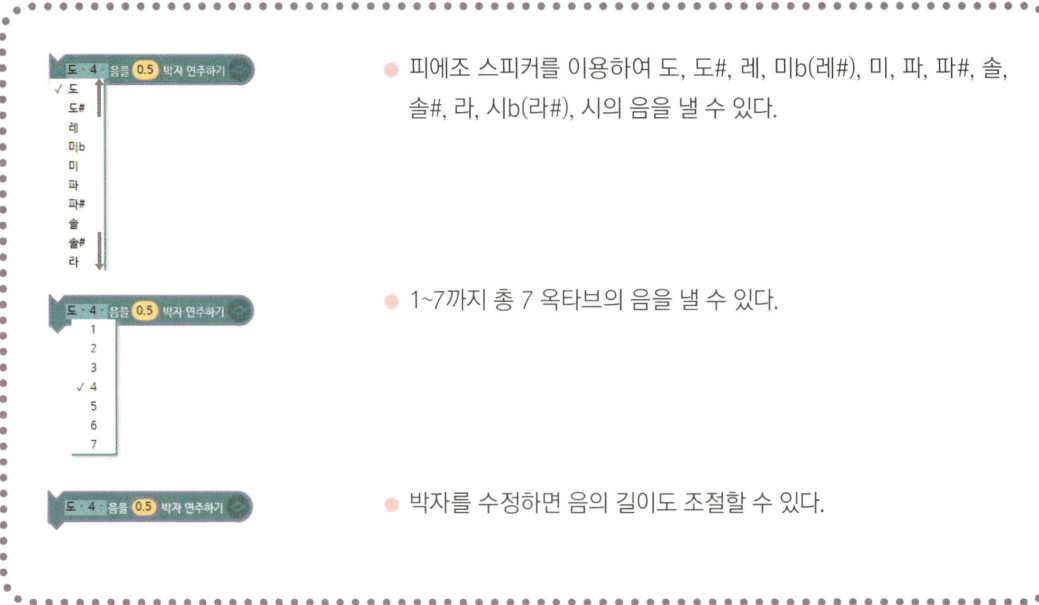

- 피에조 스피커를 이용하여 도, 도#, 레, 미b(레#), 미, 파, 파#, 솔, 솔#, 라, 시b(라#), 시의 음을 낼 수 있다.

- 1~7까지 총 7 옥타브의 음을 낼 수 있다.

- 박자를 수정하면 음의 길이도 조절할 수 있다.

알고리즘 설계하기

순서 / 오브젝트	소방차	
1	시작하기	
2.1	계속 반복하기	미음을 0.5박자 연주하기
2.2		도음을 0.5박자 연주하기

코딩하기

[소방차 오브젝트] 🚒

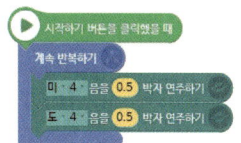

- 11장 '화재로 갇힌 사람을 구출해요.'를 불러오고 엔트리봇 오브젝트를 소방차 오브젝트를 변경한다.

- 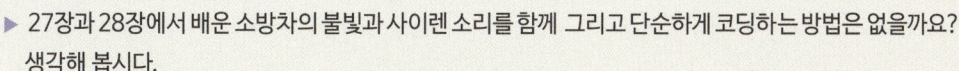 를 가져온다.

- 를 연결한다.

- 를 2개 가져온다.

- 그 중 한 개는 '미 4음'을 나머지는 '도 4음'으로 수정한다.

하나 더!

▶ 27장과 28장에서 배운 소방차의 불빛과 사이렌 소리를 함께 그리고 단순하게 코딩하는 방법은 없을까요? 생각해 봅시다.

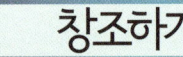

창조하기

- '학교종 노래를 연주하는 프로그램'을 만들어 봅시다.
- '소방차 사이렌이 울리고 빨간색 LED가 깜빡이는 프로그램'을 만들어 봅시다.
- '자신이 좋아하는 노래를 연주하는 프로그램'을 만들어 봅시다.

햄스터 로봇으로 사람들을 구출해 봅시다.

이번 장에서 배울 엔트리 주요 내용은?
☞ 햄스터 로봇, DC 모터를 이용하여 로봇 움직이기

과제 확인하기

생각 다듬기

햄스터 로봇 DC 모터로 움직이기
햄스터 로봇의 DC 모터로 이동할 수 있다.

● 양쪽 DC 모터를 회전시켜서 1초 동안 앞으로 이동한다.

● 양쪽 DC 모터를 회전시켜서 1초 동안 뒤로 이동한다.

● 왼쪽이나 오른쪽 모터를 1초 동안 돌게 하여 회전시킨다.

알고리즘 설계하기

오브젝트 순서	소방차			
1	왼쪽 화살표	오른쪽 화살표	위쪽 화살표	아래쪽 화살표
2	왼쪽 화살표를 눌렀을 때	오른쪽 화살표를 눌렀을 때	위쪽 화살표를 눌렀을 때	아래쪽 화살표를 눌렀을 때
3	방향을 -10° 만큼 회전하기	방향을 10° 만큼 회전하기	이동 방향으로 10만큼 움직이기	이동 방향으로 -10만큼 움직이기
4	왼쪽으로 0.1초 돌기	오른쪽으로 0.1초 돌기	앞으로 1초 이동하기	뒤로 1초 이동하기

하나 더!

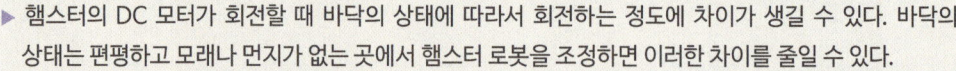

▶ 햄스터의 DC 모터가 회전할 때 바닥의 상태에 따라서 회전하는 정도에 차이가 생길 수 있다. 바닥의 상태는 편평하고 모래나 먼지가 없는 곳에서 햄스터 로봇을 조정하면 이러한 차이를 줄일 수 있다.

코딩하기

[소방차 오브젝트]

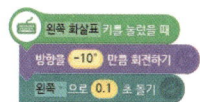

- 11장 '화재로 갇힌 사람을 구출해요.'를 불러오고 엔트리봇 오브젝트를 소방차 오브젝트를 변경한다.

- 시작 ⌨️ q키를 눌렀을 때 를 가져와서 왼쪽 화살표로 수정한다.

- 움직임 방향을 90° 만큼 회전하기 를 연결하고 -10° 로 수정한다.

- 하드웨어 왼쪽으로 1 초 돌기 를 연결하고 시간을 0.1초로 수정한다.

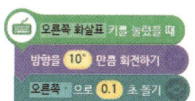

- 시작 ⌨️ q키를 눌렀을 때 를 가져와서 오른쪽 화살표로 수정한다.

- 움직임 방향을 90° 만큼 회전하기 를 연결하고 10° 로 수정한다.

- 하드웨어 왼쪽으로 1 초 돌기 를 연결하고 왼쪽을 오른쪽으로, 시간을 0.1초로 수정한다.

- 시작 ⌨️ q키를 눌렀을 때 를 가져와서 위쪽 화살표로 수정한다.

- 움직임 이동 방향으로 10 만큼 움직이기 를 연결한다.

- 하드웨어 앞으로 1 초 이동하기 를 연결한다.

- 시작 ⌨️ q키를 눌렀을 때 를 가져와서 위쪽 화살표로 수정한다.

- 움직임 이동 방향으로 10 만큼 움직이기 를 연결하고 10을 -10으로 수정한다.

- 하드웨어 뒤로 1 초 이동하기 를 연결한다.

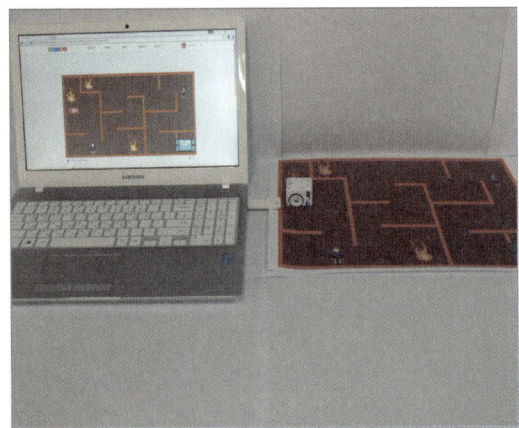
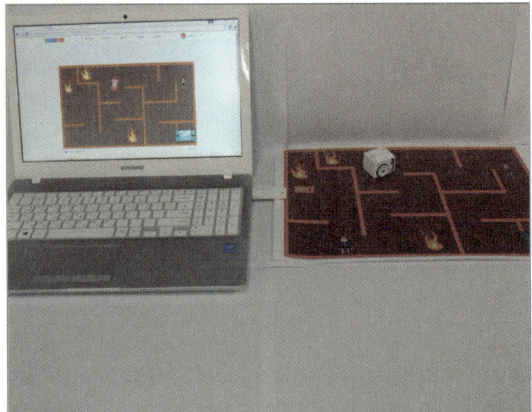

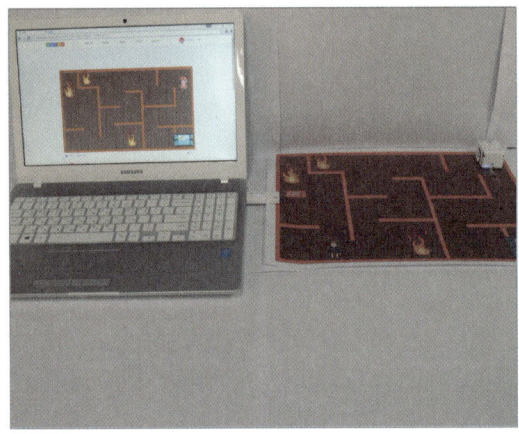

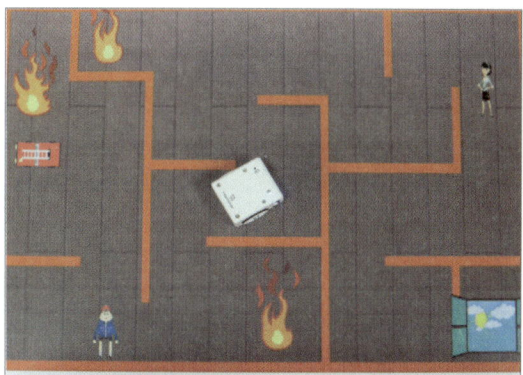
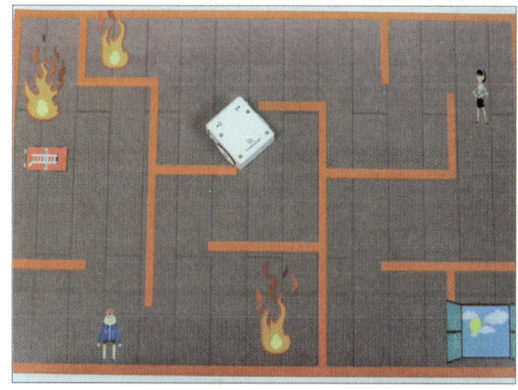

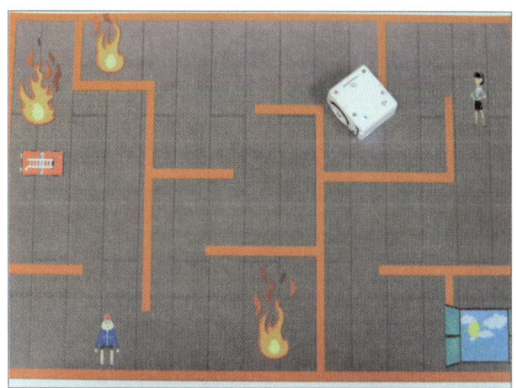
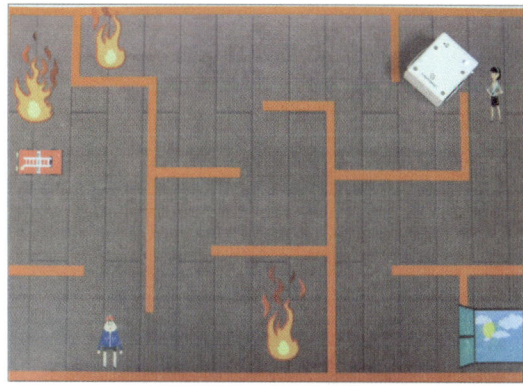
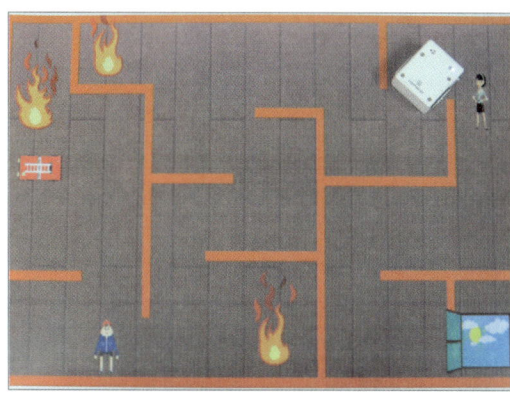

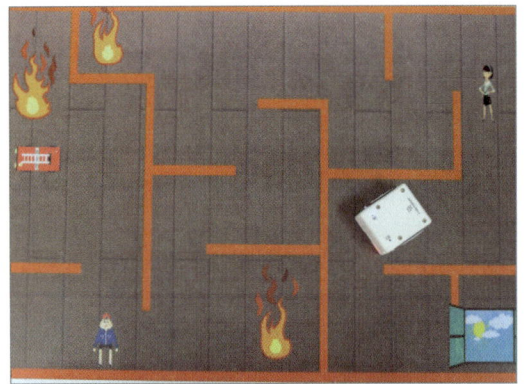 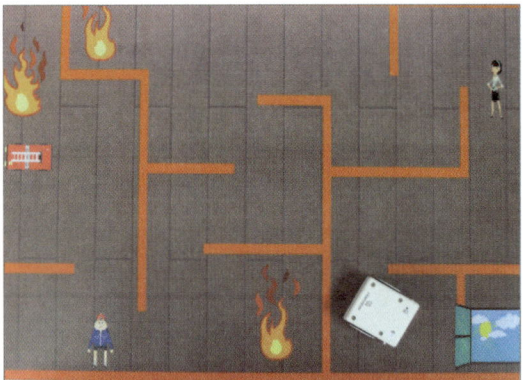

창조하기

'메이키메이키'로 햄스터 로봇을 조정할 수 있는 프로그램'을 만들어 봅시다.

햄스터 로봇이 검은색 선을 따라 자동으로 이동하게 해봅시다.

이번 장에서 배울 엔트리 주요 내용은?

☞ 햄스터 로봇, 센서 값 확인, DC 모터 각각 조정하기 등

과제 확인하기

햄스터 로봇 센서 이용하기

햄스터 로봇의 센서들을 이용할 수 있다.

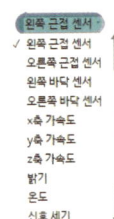

● 햄스터 로봇의 센서들을 선택할 수 있다. 근접 센서 2개, 바닥 센서 2개, 가속도 센서 3개, 밝기 센서, 온도 센서, 신호 세기 센서, 입력 센서들의 값을 측정하여 이용할 수 있다.

햄스터 로봇의 DC모터를 각각 회전시킬 수 있다.

● 양쪽 DC 모터를 회전하는 양을 조절하여 햄스터 로봇을 회전하거나 이동시킬 수 있다.

순서 \ 오브젝트	소방차
1	시작하기
2.1	만일 왼쪽 바닥 센서 < 30 이라면
2.2	왼쪽 바퀴 1 오른쪽 바퀴 30으로 정하기
2.3	만일 오른쪽 바닥 센서 < 30 이라면
2.4	왼쪽 바퀴 30 오른쪽 바퀴 1로 정하기

위 2.1~2.4 계속 반복하기

272

[소방차 오브젝트]

- 11장 '화재로 갇힌 사람을 구출해요.'를 불러오고 엔트리봇 오브젝트를 소방차 오브젝트를 변경한다.

- 시작 를 가져온다.

- 흐름 를 연결한다.

- 흐름 를 연결한다.

- 하드웨어 를 왼쪽 바닥 센서로 수정하고 를 왼쪽 10의 자리에 넣는다. 오른쪽 10은 30으로 수정한다.

- 하드웨어 를 가져와서 왼쪽 바퀴를 1로 수정한다.

- 흐름 를 연결한다.

- 하드웨어 를 오른쪽 바닥 센서로 수정하고 를 왼쪽 10의 자리에 넣는다. 오른쪽 10은 30으로 수정한다.

- 하드웨어 를 가져와서 오른쪽 바퀴를 1로 수정한다.

하나 더!

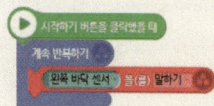

▶ 햄스터 로봇의 센서값을 알기 위해서는 생김새 안녕! 을(를) 말하기 를 이용하면 된다. 또는 실행화면 하단에 있는 하드웨어 아이콘을 클릭하여 확인할 수도 있다.

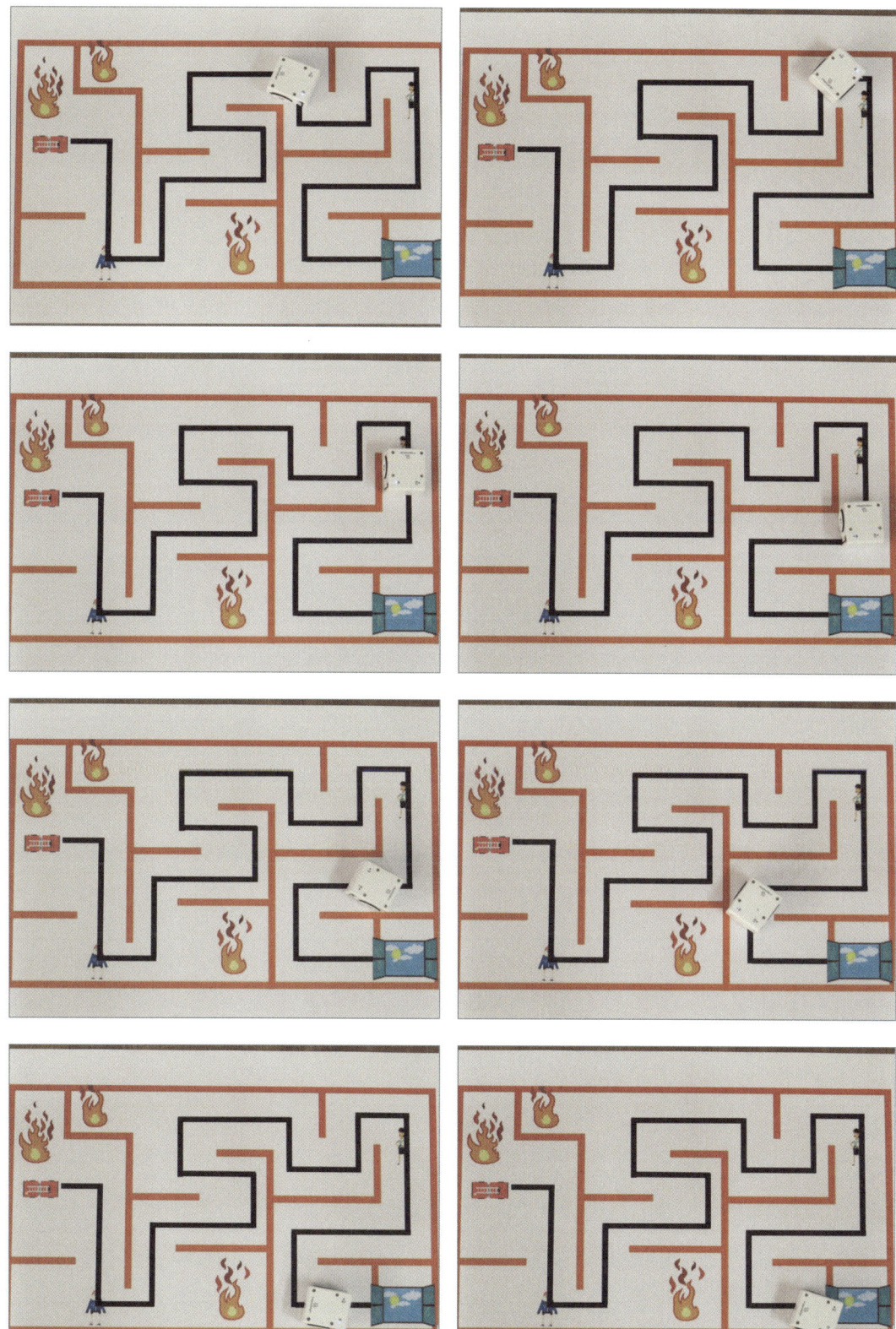

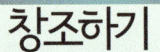

'소방차 사이렌이 울리고 빨간색 LED가 깜빡이며 검은색 선을 따라가는 프로그램'을 만들어 봅시다.

엔트리 코블을 설치하고 연결하여 봅시다.

이번 장에서 배울 엔트리 주요 내용은?

☞ 엔트리 코블 설치, 코블 연결하기, 메인보드 LED 켜기 등

과제 확인하기

생각 다듬기

메이커의 세계

뭔가를 만드는 사람을 '메이커'라고한다. 우리에게 필요한 학용품, 옷, 가방 등을 모두 돈을 주고 사서 사용한다. 모두 똑같은 물건을 사용한다. 하지만, 우리는 모두 개성이 있고, 생각이 다르다. 나만의 물건을 만들어 보는 것, 내가 생각한 것을 직접 내 손으로 만드는 것, 이것이 메이커가 되는 길이다.

SW 코딩기반 메이커

레고 블록으로 자동차를 만들 수 있다. 하지만 이 자동차는 내가 원하는 대로 움직이지 않는다. 원하는 대로 움직이려면 손으로 앞으로 옮겼다가 뒤로 밀기를 반복하면 된다. 하지만, 스스로 움직이지는 않는다.

스스로 움직이기 위해서 모터를 달고, 건전지를 넣으면 된다. 자동차가 주변을 감지하고 자동으로 움직이지는 않는다. 스스로 움직이는 자동차를 만들 수 없을까?

바로 코블과 엔트리가 만나면 가능하다. 여러분은 엔트리를 배운 프로그래머이다. 엔트리에서 배운 프로그래밍 코딩 실력을 코블에 넣으면 스스로 움직이는 자동차, 자동으로 움직이는 신호등, 오락실처럼 신나는 오락게임도 만들 수 있다. 이제 코블 엔트리의 세계로 들어가 보자.

코블 소개

코블은 메인보드와 주변 센서, 모터류 등으로 구성되어 있다.
스크래치, 엔트리, 파이썬 등 많은 프로그래밍을 할 수 있다.
메인보드는 3색 LED, 부저, 가변저항으로 구성되어 있다.

[코블을 활용한 메이커 활동들]

자동 물방울 제조기

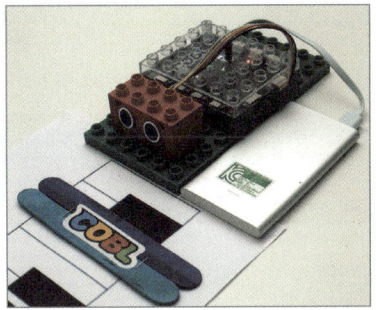

초음파 피아노

풍선팡 터트리기 게임

인공지능 주행자동차

코블 설치하기

● 엔트리 오프라인 연결프로그램을 play-entry.com에서 받아 설치하고 실행하면 위의 화면이 생성된다. 블록의 하단의 [하드웨어]를 클릭하면 연결프로그램을 다운로드 할 수 있다. 연결프로그램을 실행한다.

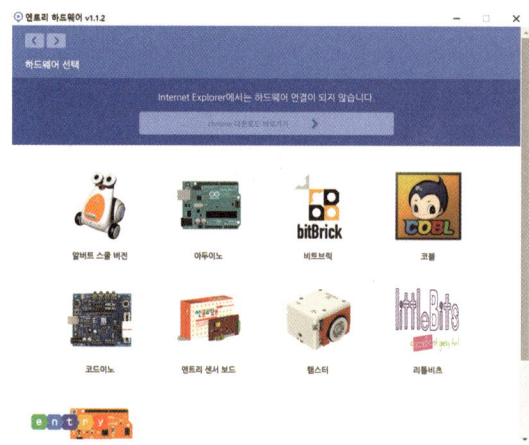

● 연결프로그램을 실행하면 왼쪽의 화면처럼 다양한 피지컬 컴퓨팅 도구들이 나온다. 그 중에서 [코블]을 선택하여 코블과 엔트리가 연결되도록 한다.

● 코블 메인보드와 컴퓨터를 연결한다. 코블 메인보드의 '전원' 부분과 컴퓨터 usb 포트와 연결한다.

● 프로그램 첫 실행시에는 [드라이버 설치] 와 [펌웨어 설치] 를 하고, 다음부터는 설치를 하지 않고 연결프로그램 실행만으로 하드웨어 연결이 진행된다.

하나 더!

▶ 코블 메인보드와 컴퓨터와 연결하면 3개의 LED가 흰색으로 깜빡거린다. 코블 메인보드와 엔트리가 연결이 되면 깜빡거리는 것이 꺼지면서 컴퓨터 통신이 이루어진다.

알고리즘 설계하기

코블 메인보드 무지개 LED 1번 켜고 끄기 반복

오브젝트 / 순서	엔트리봇	
1	계속 반복하기	무지개 LED 1번 켜기 (빨강)
2		기다리기 1초
3		무지개 LED 1번 OFF
4		기다리기 1초

코블 메인보드 무지개 LED 1, 2, 3 번으로 신호등 만들기

오브젝트 / 순서	엔트리봇	
1	계속 반복하기	무지개 LED 1번 빨강 / 무지개 LED 2번 OFF / 무지개 LED 3번 OFF
2		기다리기 3초
3		무지개 LED 1번 OFF / 무지개 LED 2번 노랑 / 무지개 LED 3번 OFF
4		기다리기 1초
5		무지개 LED 1번 OFF / 무지개 LED 2번 OFF / 무지개 LED 3번 초록
6		기다리기 2초

코딩하기

[메인보드의 기능 살펴보기]

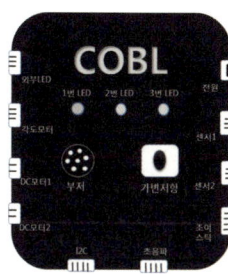

- 코블 메인보드를 살펴보면 코블의 기능을 한눈에 알 수 있다.
- 1번, 2번, 3번 LED는 3가지 색깔로 모든 색을 표현할 수 있다.
- 센서1, 2는 외부에서 감지되는 다양한 반응을 컴퓨터에서 확인할 수 있다.
- 조이스틱은 상하좌우의 움직임을 컴퓨터에 입력할 수 있다.
- 부저는 소리의 높낮이 조절이 가능하여 다양한 소리 효과를 낼 수 있다.
- 그 이외의 많은 기능을 코블 메인보드에서 확장해 갈 수 있다.

[메인보드 무지개 LED에 불 켜기]

- 1번 LED에 불이 들어오게 하기 위해서는 [블록] - [하드웨어] 하드웨어 무지개LED 1 OFF 를 활용해야 한다.
- 시작 시작하기 버튼을 클릭했을 때 를 가져온다
- 시작하기 버튼을 클릭했을 때 무지개LED 1 OFF 를 만든다.

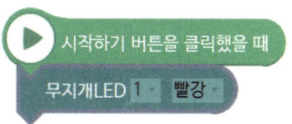

- 무지개 LED 1번을 빨강색으로 맞춘다.
- ▶ 시작하기 를 클릭하여 코블 메인보드 1번 LED의 빛이 빨강색으로 들어오는지 확인한다.

하나 더!

▶ 프로그램이 중지되어도 메인보드 LED의 불이 여전히 켜지는 것을 확인할 수 있다. 이를 끄기 위해서는 끄는 프로그래밍이 되어야만 꺼진다.

시작하기 버튼을 클릭했을 때
무지개LED 1 빨강
무지개LED 1 OFF

- 시작하기를 클릭하면 빨강색 LED가 들어오지 않는다.
- 순식간에 켜졌다 꺼지기 때문이다.

시작하기 버튼을 클릭했을 때
무지개LED 1 빨강
2 초 기다리기
무지개LED 1 OFF

- 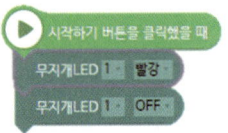 를 넣게 되면 2초간 빨강색이 들어왔다 꺼지는 것을 확인할 수 있다.

시작하기 버튼을 클릭했을 때
10 번 반복하기
무지개LED 1 빨강
1 초 기다리기
무지개LED 1 OFF

- 10 번 반복하기 를 넣어 LED의 빛이 켜지고 꺼지는 반복활동이 되기를 시도하였다.
- 하지만, 계속 켜져 있을 뿐 꺼지지 않는 것을 확인할 수 있다.

시작하기 버튼을 클릭했을 때
10 번 반복하기
무지개LED 1 빨강
1 초 기다리기
무지개LED 1 OFF
1 초 기다리기

- 1 초 기다리기 를 추가하여 넣고 실행을 하면 LED가 10번 깜빡거리는 것을 확인할 수 있다.

● 무지개 LED를 이용하여 신호등을 만들어보자.

● 빨강 3초간 동작 → 빨강, 노랑 1초간 동작 → 초록 2초 → 노랑 1초

● 신호등이 반복되도록 한다.

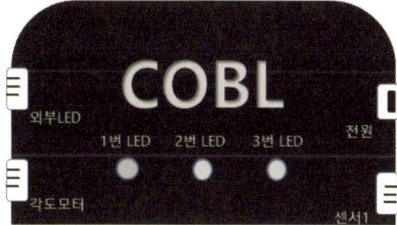

● 1, 2, 3번 LED의 불빛을 모두 끄기 위해서는 [하드웨어] [무지개LED 1 OFF] [무지개LED 2 OFF] [무지개LED 3 OFF]를 입력해야 한다.

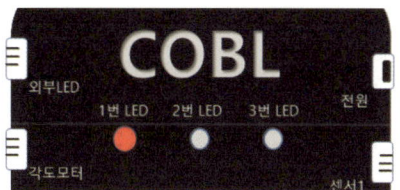

● 1번 LED에 빨강 빛이 들어오게 하기 위해서는 [하드웨어] [무지개LED 1 빨강]을 사용한다.

● 다른 LED는 꺼야 하기 때문에 [무지개LED 1 빨강] [무지개LED 2 OFF] [무지개LED 3 OFF]로 코딩한다.

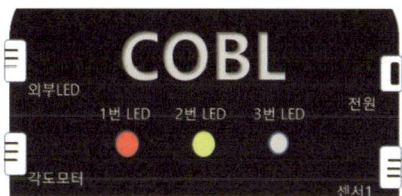

● 1번 LED [하드웨어] [무지개LED 1 빨강]
● 2번 LED [하드웨어] [무지개LED 2 노랑]
● 3번 LED [하드웨어] [무지개LED 3 OFF]

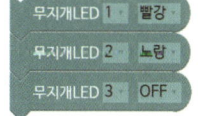
무지개LED 1 빨강
무지개LED 2 노랑
무지개LED 3 OFF

● 1번 LED [하드웨어] [무지개LED 1 OFF]
● 2번 LED [하드웨어] [무지개LED 2 OFF]
● 3번 LED [하드웨어] [무지개LED 3 초록]

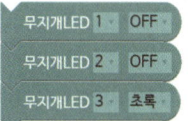
무지개LED 1 OFF
무지개LED 2 OFF
무지개LED 3 초록

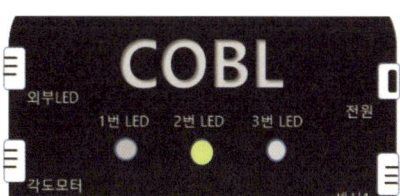

● 1번 LED [하드웨어] [무지개LED 1 OFF]
● 2번 LED [하드웨어] [무지개LED 2 노랑]
● 3번 LED [하드웨어] [무지개LED 3 OFF]

무지개LED 1 OFF
무지개LED 2 노랑
무지개LED 3 OFF

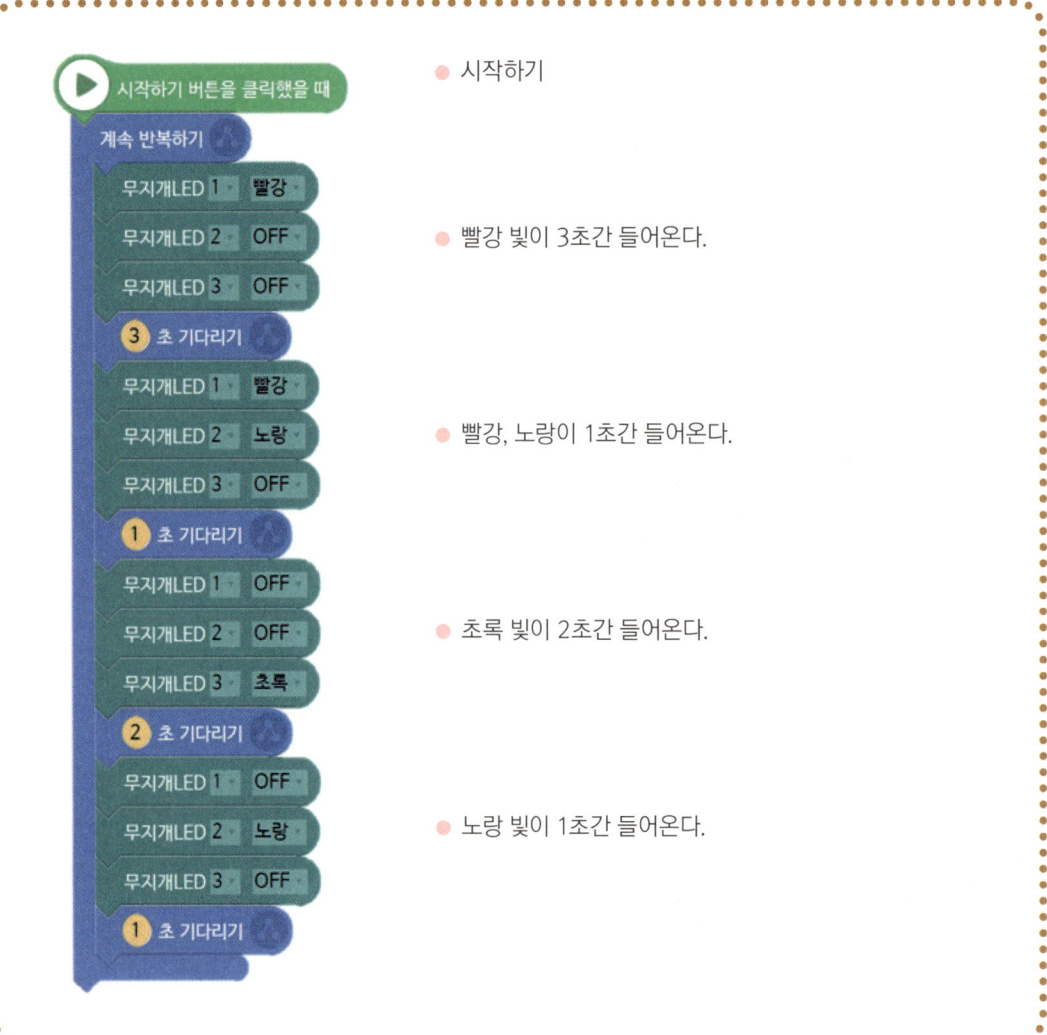

● 시작하기

● 빨강 빛이 3초간 들어온다.

● 빨강, 노랑이 1초간 들어온다.

● 초록 빛이 2초간 들어온다.

● 노랑 빛이 1초간 들어온다.

하나 더!

▶ 코블 메인보드는 입력, 출력, 제어, 저장이 가능한 하나의 작은 컴퓨터이다. 시작할 때 다른 LED의 불을 끄는 코딩을 넣은 것은 기존에 입력된 값을 깨끗이 지우는 과정이라 할 수 있다.

빨주노초파남보 일곱빛깔 무지개로 빛나는 무지개 LED를 만들어 보자(LED1, LED2, LED3 순서대로 반복하며 빛나는 무지개 LED).

Chapter 32 코블로 게임을 만들어요

오브젝트를 가변저항으로 조정하는 해적선 게임을 만들어봅시다.

이번 장에서 배울 엔트리 주요 내용은?

👉 오브젝트를 가변저항으로 조정하기

과제 확인하기

생각 다듬기

코블의 가변저항의 값 알아보기

코블 메인보드의 오른쪽에 가변저항이 있다. 가변저항은 오른쪽, 왼쪽으로 돌릴 수 있도록 되어 있다.
오른쪽으로 돌리면 값이 커지고 왼쪽으로 돌리면 값이 작아진다.

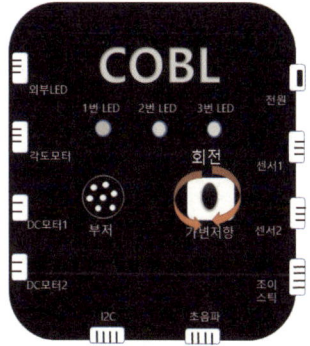

●  가변저항(0~1023)을 생김새 10 을(를) 말하기 에 넣는다.

● 가변저항의 값을 읽어 저항값이 어떻게 변하는지 알아보기 위한 블록을 코딩한다.

[가변저항의 크기를 테스트해 본다]

103

가변저항을 왼쪽으로 돌렸을 때 값이 낮아진다.

664

가변저항을 가운데 부분으로 위치했을 때 값을 읽는다.

987

가변저항을 오른쪽으로 돌리면 값이 높아진다.

알고리즘 설계하기

오브젝트 추가(등장 인물, 배경화면 설정), 오브젝트 크기 및 위치 지정

오브젝트 / 순서	해적선		물방울		바다(배경)		
	해적선이 가변저항을 왼쪽으로 돌리면 왼쪽으로 오른쪽으로 돌리면 오른쪽으로 움직인다.		물방울이 위쪽에서 반복해서 떨어지도록 하되 위치가 임의대로 변하도록 한다.		바다모양에서 점수가 100점이면 모래사장으로 바뀌고 모두 멈춘다.		
1	계속 반복하기	가변저항값이 400보다 작으면	계속 반복하기	위쪽의 위치로 이동하기	바다1로 모양바꾸기		
2		이동방향을 270도로 정하기		만일	이동방향을 180도로 정하기	바다1로 모양바꾸기	
3		이동방향으로 10 만큼 움직이기			이동방향으로 3 만큼 움직이기	계속 반복하기	점수가 100이면
4		가변저항값이 700보다 크면		점수 0으로 정하기			만일	모래사장1로 바꾸기
5	만일	이동방향을 90도로 정하기	계속 반복하기	'해적선' 오브젝트에 닿으면			모두 멈추기
6		이동방향으로 10 만큼 움직이기		만일	점수 10 만큼 더하기		
7				1초 기다리기			

코딩하기

[해적선 오브젝트]

● ⟨하드웨어 가변저항(0~1023)⟩의 값이 400보다 작으면 ⟨이동 방향을 270° (으)로 정하기⟩⟨이동 방향으로 10 만큼 움직이기⟩으로 왼쪽으로 움직이도록 한다.

● ⟨하드웨어 가변저항(0~1023)⟩의 값이 700보다 크면 ⟨이동 방향을 90° (으)로 정하기⟩⟨이동 방향으로 10 만큼 움직이기⟩으로 오른쪽으로 움직이도록 한다.

● ⟨시작하기 버튼을 클릭했을 때 계속 반복하기⟩ 시작하면 계속 반복하도록 한다.

[바다배경 오브젝트]

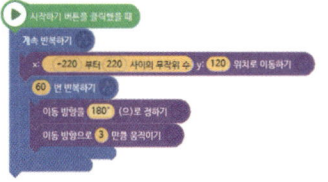

- 생김새 바다 모양으로 바꾸기 처음 배경으로 선택하고 모래사장 모양으로 바꾸기 점수가 100점이 되면 모래사장이 되고 모두 멈추게 된다.

- 점수 를 0 로 정하기 시작하면 점수를 0으로 정하고 점수가 올라가 100점이 되면 모래사장 모양의 배경이 되고 프로그램은 멈추게 된다.

[물방울 오브젝트]

- ✦ (-220) 부터 (220) 사이의 무작위 수 를 물방울이 좌우로 마음대로 변하도록 한다.

- x: -220 부터 220 사이의 무작위 수 y: 120 위치로 이동하기 는 물방울의 떨어지는 위치이다.

- 60 번 반복하기 은 물방울이 아래로 떨어지는 높이이다. 반복하기를 통해 떨어지는 길이, 3만큼 움직이기는 속도를 표현할 수 있다.

- ❓ 자료 점수 를 0 로 정하기 로 게임을 시작하면 점수가 0점이 되도록 한다.

- ✓ 판단 해적선 에 닿았는가? 를 조건문에 넣어 물방울이 해적선에 닿으면 점수가 10점씩 올라가도록 한다.

하나 더!

점수 에 10 만큼 더하기 / 1 초 기다리기 ▶ 1 초 기다리기 는 물방울이 해적선에 닿는 동안 점수가 올라가지 않도록 한다. 1 초 기다리기 가 없으면 닿는 동안 점수가 계속 올라가는 오류가 발생한다.

게임이 시작되면 점수가 0점이 된다.

위에서 물방울이 떨어진다.

코블의 가변저항을 왼쪽으로 돌리면 해적선이 왼쪽으로 이동한다.

코블의 가변저항을 오른쪽으로 돌리면 해적선이 오른쪽으로 이동한다.

물방울을 해적선이 받으면 점수가 올라간다.

점수가 100점이 되면 배경이 모래사장이 되면서 게임이 멈춘다.

해적선이 물방울을 받지 못하면 점수가 떨어지고 −100점이 되면 게임에 져서 해적선이 부서지도록 만들어 보자("만약 ~ 이라면, 아니면 ~ "의 이중조건문을 사용한다).

엔트리와 떠나는
소프트웨어 코딩여행

1판 1쇄 발행 / 2016년 8월 25일
개정판 1쇄 발행 / 2017년 1월 10일
저 자 / 이재호, 김재웅, 김대현, 문석현
이준록, 정진용, 손경호, 장준형
삽화 / 이온유
발행인 / 이 병 덕
발행처 / 도서출판 정일
등록날짜 / 1989년 8월 25일
등록번호 / 제 3-261호
주소 / 경기도 파주시 한빛로 11, 309-1704
전화 / 031)946-9152(대)
팩스 / 031)946-9153
isbn / 978-89-5666-240-4(13000)

정가 18,000원

이 도서의 국립중앙도서관 출판예정도서목록(CIP)은 서지정보유통지원시스템 홈
페이지(http://seoji.nl.go.kr)와 국가자료공동목록시스템(http://www.nl.go.kr/
kolisnet)에서 이용하실 수 있습니다.(CIP제어번호: CIP2017000203)